विश्व रिकॉर्ड धारक
अंतरराष्ट्रीय साहित्यिक मंच

KB Writers

की प्रस्तुति

आशाओं का आकाश

साझा गद्य-पद्य संग्रह

सम्पादक

आचार्या नीरू शर्मा, कुमार सतीश,
चन्दन केशरी

www.kbwriters.com

KB Writers

बाबुबाँक, झाझा, जिला - जमुई (बिहार) 811308
website :- www.kbwriters.com
email :- kbwritersofficial@gmail.com
Call :- 8873000900

चन्दन केशरी
संस्थापक एवं संपादक

कुन्दन केशरी
अध्यक्ष एवं संचालक

आचार्या नीरू शर्मा
संपादिका

कुमार सतीश
संपादक

हमारी विशेषताएँ

- विश्व रिकॉर्ड धारक साहित्यिक मंच
- 47 से अधिक देशों से हमारे पाठक
- 10 से अधिक देशों से हमारे रचनाकार
- जुलाई 2020 से निरंतर कार्यरत
- विभिन्न पुस्तकें प्रकाशित

प्रकाशन वर्ष :- 2026

प्रस्तावना

प्रिय साथियों,

के० बी० राइटर्स अंतरराष्ट्रीय साहित्यिक मंच की 41वीं पुस्तक "आशाओं का आकाश" आप सभी के सम्मुख प्रस्तुत है। इस पुस्तक में कुल 44 रचनाकारों की 123 रचनाएँ सम्मिलित हैं। इस संग्रह के संपादक आचार्या नीरू शर्मा, कुमार सतीश व चन्दन केशरी हैं।

इस पुस्तक में संकलित रचनाएँ समृद्ध, सुंदर और प्रेरणादायक हैं। पुस्तक में प्रकाशित सभी रचनाएँ प्रेम, प्रकृति, जीवन, समाज, धर्म, राष्ट्र आदि विविध विषयों पर लिखी गई हैं। सभी रचनाएँ अलग-अलग विषयों पर लिखी जाने के कारण यह पुस्तक आपको अवश्य पसंद आएगी।

"आशाओं का आकाश" एक साझा गद्य-पद्य संग्रह है जो हर उम्र के पाठकों को अपनी ओर आकर्षित करती है। इस पुस्तक में विभिन्न प्रकार की भावनाओं का समावेश है।

हमें आशा है कि आप सभी इस पुस्तक को भी वैसा ही प्यार और आशीर्वाद प्रदान करेंगे जैसा हमारी अन्य पुस्तकों, त्रैमासिक पत्रिका एवं विशेषांकों को देते आए हैं। आपके बहुमूल्य व महत्त्वपूर्ण सुझावों एवं समीक्षाओं की हमें सर्वदा प्रतीक्षा रहेगी।

धन्यवाद

सम्पादकीय

इतनी सी है आशा बस, आशाओं के आकाश में,
महक़े कलम और संग चमके मोती से आख़र सदा।।

हार्दिक अभिनंदन सम्माननीय सुधीजनों!

प्रिय विद्वजनों, आपका प्रिय विश्व रिकार्ड धारक अंतरराष्ट्रीय साहित्यिक मंच "के० बी० राइटर्स" विभिन्न विषय-केंद्रित और त्रैमासिक ई-पत्रिका जागृति के संग 40 पुस्तकों का सफल प्रकाशन करके 41वीं पुस्तक "आशाओं का आकाश" हर्षोल्लासपूर्वक आपके समक्ष रख रहा है।

स्नेहीजनों, प्रस्तुत पुस्तक में सभी रचनाकारों ने अपनी कल्पनाओं, विचारों, भावों और कथा-कहानियों को बेहद खूबसूरती से अपनी रचनाओं में पिरोकर प्रस्तुत किया है और ये सभी रचनाएँ पढ़कर आपका हृदय साहित्य के विभिन्न रसों का आस्वादन अवश्य ही करेगा।

मित्रों, हम सभी रचनाकारों को हार्दिक शुभकामनाएँ देने के साथ उनका आभार प्रकट करते हैं कि उन्होंने अपनी बेहतरीन रचनाओं द्वारा पुस्तक की शोभा बढ़ाई।

सुधीजनों, हमें विश्वास है कि प्रत्येक पुस्तक की भाँति इस पुस्तक में संकलित सभी रचनाएँ आपके हृदयतल में विशेष स्थान व स्नेह प्राप्त करेंगी।

धन्यवाद

- आचार्या नीरू शर्मा

सम्पादिका

सम्पादकीय

सुधी पाठकों,
सप्रेम नमस्ते!

"आशाओं का आकाश" साझा गद्य-पद्य संग्रह आपके हाथों में है, और हम आशा करते हैं कि यह आपके जीवन में नई ऊर्जा और आशाओं का संचार करेगा।

आज के समय में, जब हम सभी विभिन्न चुनौतियों का सामना कर रहे हैं, आशाएँ ही हैं जो हमें आगे बढ़ने की प्रेरणा देती हैं। आशाएँ हमें नए सपनों को देखने, नए लक्ष्य तय करने, और उन्हें हासिल करने के लिए प्रेरित करती हैं।

इस पुस्तक में, हम आपके लिए लाए हैं विभिन्न विषयों पर लेख, कहानियाँ, और कविताएँ, जो आपके मन को आनंदित और प्रेरित करेंगी। लेखक और कवियों ने अपनी रचनाओं से समकालीन सभी विषयों को छूने का प्रयास किया है जो आपको सोचने पर विवश करेंगे।

हम आशा करते हैं कि "आशाओं का आकाश" पुस्तक आपके जीवन में एक सकारात्मक परिवर्तन लाएगी और आपको अपने सपनों को हासिल करने के लिए प्रेरित करेगी।

धन्यवाद

- कुमार सतीश

सम्पादक

सम्पादकीय

आप सभी को भाएगी, मुझको ये विश्वास है।
आपको सादर समर्पित, 'आशाओं का आकाश' है।।

प्रिय पाठकों,

आपका अपना अंतरराष्ट्रीय साहित्यिक मंच के० बी० राइटर्स निरंतर हिन्दी साहित्य के उत्थान हेतु कार्यरत है और आपके सम्मुख इस साझा गद्य-पद्य संग्रह "आशाओं का आकाश" के साथ उपस्थित है।

'आशा' वह बीज है जो विपरीत परिस्थितियों की पथरीली ज़मीन को चीरकर भी अंकुरित होने का साहस रखता है, और 'आकाश' उस असीमित संभावना का प्रतीक है जहाँ हर रचनाकार अपनी कल्पना के पंख फैला सकता है।

उम्मीद है कि आप सभी पाठक इस आशाओं के आकाश में उड़ान भरते हुए उन भावनाओं को महसूस कर पाएँगे, जिन्हें शब्दों में पिरोने के लिए रचनाकारों ने अपने अंतर्मन को खंगाला है।

हमें आशा है कि आप सभी हमारी इस पुस्तक को भी उसी प्रकार अपना स्नेह प्रदान करेंगे, जिस प्रकार हमारी पिछली पुस्तकों को देते आए हैं।

धन्यवाद

- चन्दन केशरी

सम्पादक

आभार

प्रिय साथियों,

किसी भी पुस्तक का प्रकाशन एवं सफलता बिना सबके सहयोग के संभव नहीं है। के० बी० राइटर्स अंतरराष्ट्रीय साहित्यिक मंच उन सभी विद्वान एवं कुशल रचनाकारों के प्रति हृदयतल से आभार व्यक्त करता है जिन्होंने अपने अनुपम एवं हृत्प्रिय रचनाओं से इस साझा गद्य-पद्य संग्रह "आशाओं का आकाश" को दैदीप्यमान कर दिया।

हमारा मंच उन सभी सहयोगियों के प्रति भी अंतस से आभार व्यक्त करता है, जिन्होंने प्रत्यक्ष या परोक्ष रूप में इस साझा गद्य-पद्य संग्रह के प्रकाशन में अपना अप्रतिम सहयोग प्रदान किया।

हमारा मंच उन सभी पाठकों का भी आभारी है जिन्होंने इस संग्रह का अवलोकन कर इसे हृदयस्थ कर आशीर्वाद दिया।

आगे भी हमारा मंच आप सबके सहयोग से एक से बढ़कर एक उत्कृष्ट काव्य / कहानी संग्रहों का प्रकाशन कर हिन्दी साहित्य के उत्थान में अपना शुचि योगदान प्रदान करता रहेगा।

पुनः आभार सभी का।

- कुन्दन केशरी

(अध्यक्ष एवं मंच संचालक)

के० बी० राइटर्स अंतरराष्ट्रीय साहित्यिक मंच

विषय सूची

आइए!

शुरु करते हैं...

सरस्वती वन्दना

डॉ० कुमार वर्मा
(पता :- बाराबंकी, उत्तर प्रदेश)

वीणा की धुन मधुर बजेगी, मन में रस भर जाएगा।
जिस पर माँ ने हाथ रख दिया, वह आगे बढ़ जाएगा।

शब्द सुधा का कलश सजाकर, मनहर सृजन करूँ मैं।
मंगलमय हो सृष्टि निरंतर, वंदन यही करूँ मैं।

माँ अज्ञान तिमिर को हर लो, करो हृदय में मेरे वास।
भ्रमित पथिक को राह दिखाओ, मिला करे माँ ज्ञान प्रकाश।

सरस्वती माँ करुणा वाली, तुम को नमन करूँ मैं।
ज्ञानमयी श्वेतांबर धारी माँ, तुमको मनन करूँ मैं।।

विद्या,बुद्धि,विवेक स्वरूपा माँ, अर्चन स्वीकार करो।
बालक हम तेरे आँगन के, बालक पर उपकार करो।

चरणों में माँ शीश झुकाऊँ, नित प्रति नमन करूँ मैं।
ज्ञान दीप से तम हर पाऊँ, हर पल जतन करूँ मैं।

तेरे गुण माँ हरदम गाऊँ, लेकर मैया तेरा नाम।
कलम सदा ही चलती जाए, लिखती रहे तेरा गुणगान।

विद्या का वर पाऊँ मैया, नित यह जतन करूँ मैं।
सुंदर सा पथ सृजन साधना, हर तप सघन करूँ मैं।
चरणों में माँ शीश झुकाऊँ, नित प्रति नमन करूँ मैं।

देशभक्ति

डॉ० कुमार वर्मा
(पता :- बाराबंकी, उत्तर प्रदेश)

शुद्ध सात्विक विचारों का, मन चाहिए।
काम चलता रहे इतना, धन चाहिए।
हम नहीं चाहते, चाँद, तारे, गगन,
देश पर मर मिटे, ऐसा तन चाहिए।

सारे चलते रहे, शुद्ध हर नेम से।
सारे परिवार पलते रहे, प्रेम से।
हम नहीं चाहते, गम का कतरा कहीं।
ऐसा खुशियों भरा, हर नगर चाहिए।

देश खुशहाल हो, हर अमन चाहिए।
प्रदूषण रहित जल, थल, गगन चाहिए।
मन से निकले सदा, एक ही बात बस,
हम रहें, न रहेंज़ यह वतन चाहिए।

हौसलों से जुड़ें, वह लगन चाहिये।
अपने मतलब के संग, प्रिय वतन चाहिए
ज्ञान, विज्ञान, कृषि, सब मे हों अग्रणी,
विश्व में देश की, रैंक वन चाहिए।

अमन चैन के लिए

नूर बरसे जमीं पे सितारे रहें।
चमन में हमेशा बहारें रहे।
खुशियों के मेले लगे हर गली,
अमन चैन से लोग सारे रहें।

काश लोगों के गम अपने हो जाएँ सब।
आप की हर खुशी में भी खो जाएँ सब।
कभी टूटे न रिश्ते यूँ विश्वास के,
काश सन्देश यह मन में ढल जाय अब।

दिलों में उजाला चमकता रहे।
सुकू सब घरों में बिखरता रहे।
आँख कोई नमी से भरी न दिखे।
बस खुशी का ही मौसम ठहरता रहे।

होंठ पे एक मुस्कान सजती रहे।
मंज़िलें राह तेरी ही तकती रहे।
दिलों में खिले प्यार के ही सुमन,
ईश की हर दुआएँ बरसती रहें।

फूल जैसा खिले काश इंसान अब।
खार की रख सकें एक पहचान सब।
अमन की हवाएँ बहें हर गली,
न रहे कोई भूखा परेशान अब।

राह रोशन रहे कोई तम न रहे।
दिलों में कहीं कोई गम न रहे।
काश इंसान का मान सम्मान हो,
नफ़रतों से भरा एक घर न रहे।

डॉ० कुमार वर्मा
(पता :- बाराबंकी, उत्तर प्रदेश)

काश बरसे यहाँ आसमाँ से खुशी।
मिटे हर शिकायत गिला नाखुशी।
एक दूजे के गम सीख लें बाँटना,
ऐसी चाहत रहे हर दिलों में बसी।

तकसीम

डॉ० कुमार वर्मा
(पता :- बाराबंकी,
उत्तर प्रदेश)

घर की दौलत बंट गई, तकसीम करके भाइयों में,
खून के रिश्ते मगर आँगन निगलकर खा गया।

देख कर दीवार ए आँगन, दिल सिकुड़ कर रह गया।
नफरतों का ताप तब बढ़ कर कहर बरपा गया।

चन्द काग़ज़ जी गये, पर पाक रिश्ते मर गए,
साथ जो कल तक सभी थे यूँ लगा कोई खा गया।

कान अपने मूँद कर, दीवारें अब तक रो रहीं,
घर की इज़्ज़त शानो-शौकत और सब रूतबा गया।

एकता के रूप वाला घर बेचारा खो गया,
ख़ुशमिजाजी गुम हुई और विरह गाना गा गया।

दौलतों की होड़ में, टूटे हुए गठ जोड़ में,
दर्द सारे बंट गए हर एक हिस्सा पा गया।

दिल को जब बाँटा गया तो शेषफल कुछ न बचा,
माँ से अपनी, बाप से भी, पूछना क्या-क्या गया।

नहीं कह दिया

डॉ० कुमार वर्मा
(पता :- बाराबंकी, उत्तर प्रदेश)

सोचा समझा नहीं बस नहीं कह दिया।
उनकी न को भी मैंने खुशी कह दिया।

आज मतलब की भाषा बदल सी गई,
काम बनते ही जब अजनबी कह दिया।

मौन आँसू अधर के बगल बह गये,
दिल पे गुज़री व्यथाएँ सभी कह दिया।

मुझको मालूम था,अब न लौटोगे तुम,
मेरे दिल ने यही सच सही कह दिया।

रात भर हम जगे, पर समझ न सके,
चांदनी ने मगर गड़बड़ी कह दिया।

नाम हमने तो उनका लिया भी नहीं,
बस 'कुमार' ने तो एक शायरी कह दिया।

झूम बराबर झूम

डॉ० कुमार वर्मा
(पता :- बाराबंकी, उत्तर प्रदेश)

झूम बराबर झूम गूँजती चौबारों में।
सच का दामन घुटा आज गलियारों में।

लूट गये गुमनाम हमारे कुछ चेहरे,
उन चेहरों के नाम छपे अख़बारों में।

बड़ी सफाई सीख गये है लोग यहाँ,
चेहरे पर चेहरे दिखते मक्कारों में।

उलझन की गलियों में जो भी भटके हैं,
नाम उन्हीं के लिख गये दीवारों में।

जब ज़मीर का धंधा चलता है खुलकर,
तो कैसे उम्मीद करें डोली के चंद कहारों में।

कुछ तो कर्म जरूरी है करते रहना ,
वरना गिनती होगी तेरी नाकारों में।

टूटी-फूटी किस्मत नारा कौन गढ़े,
उसे पता मक्कारी है सब नारों में।

दर्पण तुम्हें बुलाता है

डॉ० कुमार वर्मा
(पता :- बाराबंकी, उत्तर प्रदेश)

सच सुन पाओ तो आ जाना,
एक दर्पण तुम्हें बुलाता है।
पीठ के पीछे तुम्हीं सोच लो,
हर कोई गाली खाता है।

चेहरे पर मुस्कानें चिपकीं,
दिल में खंजर छुपे हुए।
सच के भाव बहुत ऊँचे हैं
पर झूठ साज में सजे हुए।

सच राहों पर चलने वाला,
भला कभी डर खाता है।
सच सुन पाओ तो आ जाना,
एक दर्पण तुम्हें बुलाता है।

शब्दों में कुछ शहद घोल के,
मीठा मीठा बोलो तो।
सत्य झूठ में फर्क बहुत है,
मन से जरा टटोलो तो।

सच बातें बेशक चुभती हैं,
पर अन्दाज निराले हैं।
अपने ही साये से डरते,
रिश्तों में अब जाले हैं।

काँच के भीतर ज़रा झाँकिए,
चेहरा स्वयं बताता है।
सच सुन पाओ तो आ जाना,
दर्पण तुम्हें बुलाता है।

झूठ जेब में ऱखकर जीना,
जब आदत बन जाता है।
सच को सुनने वाला पहले,
खुद आकर ठुकराता है।

जो आँख मिलाकर बोल सके,
उसको सच का आधार कहो।
गीता पर रख के हाथ कभी,
मत झूठों का व्यवहार बहो।

झूठ बोलने वाला मानव,
सत्य राह कतराता है।
सच सुन पाओ तो आ जाना,
एक दर्पण तुम्हें बुलाता है।

सस्ता ईमान

डॉ० कुमार वर्मा
(पता :- बाराबंकी,
उत्तर प्रदेश)

सामने सद को रखो बद को रखना बाद में।
क्योंकि दिल्ली भी बदलती है तुगलकाबाद में।

हमने तो सच ही कहा था पर सुनेगा कौन अब,
दर्द-ए-दिल, सब खो गए हैं आज कल फ़रियाद में।

अब तो बस बाकी धुआं है सांस में बस नाम है,
अब तो बस हैरान हर आँसू बचे हैं याद में।

कैद करके यूँ कफ़स में या परिंदे पर कतर कर,
आसमाँ तुमको मुबारक के हुनर हैं सैय्याद में।

शर्म खाकर आज कातिल सज़ा भी है मुस्कुराती,
और हँसती खेलती अब वक्त के जल्लाद में।

सस्ता अब ईमान हो गया सच अब मौन कहानी है,
मिथ्या खुल कर जश्न मनाती हर सच के बर्बाद में।

कुछ बंद पन्ने

डॉ० कुमार वर्मा
(पता :- बाराबंकी,
उत्तर प्रदेश)

आँसुओं की गोल बूँदें झूल कर गिर ही गई।
गम की पपड़ी घुल गई फिर धूल में मिल ही गई।

एक झोंका ख़ुशबुओं संग रोशनी ले कर उड़ा,
उस सितम की धूप में जैसे दुआ डर ही गई।

रात की तन्हाइयाँ बस जुल्म हित बदनाम हैं,
किन्तु झिलमिल रोशनी तो वाकई छल ही गई।

मैं तो अपनी तिश्नगी लेकर चला था दर तेरे,
पर जफ़ा की एक लपट में वो खुशी जल ही गई।

कुछ ग़मों की लहर थी कुछ दूर थी दिल्ली दिली,
मेरी कश्ती जाने क्यों मझधार में फँस ही गई?

जिन हवाओं ने कहा पैग़ाम हम दे आएँगे,
वे भटक कर बारिशों में भीग कर गुम ही गई।

जिन किताबों में लिखे थे भाग्य के दो चार पन्ने,
बन्द पन्ने ही 'कुमर' बिन ताप के जल ही गई।

मिला नहीं

डॉ० कुमार वर्मा
(पता :- बाराबंकी, उत्तर प्रदेश)

एक सब्र की कश्ती से, है सदा आसरा मिला नहीं,
हिम्मत के हर एक आँचल से, सदा उजाला मिला नहीं।

जिन्हें अंधेरे प्रिय लगते थे, वे हैरत में आज पड़े,
हर चिराग़ ने एक हवा पर, सदा भरोसा किया नहीं।

एक अंधेरा सदा चाहता, कदम-कदम पर गिरो सदा,
दर्द भरी एक कलमकार की, गजल को सज़दा किया नहीं।

तेरी नज़रों में बसने को, कितनी रातें काट गये,
दिल की चौखट पर आये, पर नाम तुम्हारा लिया नहीं।

इश्क़ के क़दमों में गिर कर, सारी दुनिया हम भूले,
रग-रग में निज रंग बसाए, एक तेरा रस्ता दिखा नहीं।

मयखाने की दौड़

शैलेन्द्र कुमार "शैल"
(पता :- पटना, बिहार)

बहुत दिनों से व्याकुल आतुर बैठा रहा उदास।
मय के लिए मन में उठ रहा था त्रास।
सुन घोषणा मदिरालय खुलने की छा गया मधुमास।
दौड़ लगाता निकल पड़ा मैं मयखाने के पास।
जाम लगा कर जाम के लिए खड़े लगाए आश।
तोड़ दिया सब बंधनों को अटक गई थी साँस।
सरकारों के रिक्त खजानों को इसका ही है आश।
मौका पाकर सरकारों ने लगा दिया कर खास।
दो घूंट से अपने गम को भूलने का है प्रयास।
जीवन अपना दाँव लगाकर पी रहे हैं बिंदास।
भूलकर सब महात्रासदी लगा रहे हैं गलफाँस।
देखो! कैसे? मयखाने के बन गए हैं दास।
अनपढ़ों के संग पढ़े लिखे की सुबुद्धि हो गई है नाश।
डर नहीं मौत का इनको, कर देंगे सत्यानाश।
लगता है अभी धरा पर बाकी है विनाश।
सोचो अपने घरवालों का तुम्हीं हो विश्वास।
मत लगाओ गलफाँस मिलेगा खुला आकाश।

यादें पुरानी

शैलेन्द्र कुमार "शैल"
(पता :- पटना, बिहार)

हे! प्रभु, मेरे बीते दिन लौटा दो।
याद आ रहा है साथ मिल बाँट खाना।
साथ-साथ हँसना, नाचना-गाना।
याद आ रहा घर-आँगन, दलानों पर सोना।
नीले आसमान के सो कर तारों को गिनना।
प्रेम भरी रस वाणी, मिल-जुलकर हाथ बटाना।
भूल गया हूँ आज मिलकर दीप जलाना,रंग लगाना।
गमछा में चबेना संग मैदानों में जाना।
झूला, कबड्डी, गुल्ली-डंडा, फुटबॉल खेलना।
लालटेन, ढिबरी, चिमनी रोज जलाना।
घड़े में पानी कुआँ और पनघट से भर लाना।
भूल गए हैं जाड़े में गांती और पुआल बिछौना।
चौपाल पर चर्चा भजन-कीर्तन अब गाना।
पीछा करना तितली-जुगनू के, लोरी माँ के सुनना।
माँ-पिता, दादा-दादी, नाना-नानी से कहानी सुनना।
शकरकंद, गाजर, बैर, अमरुद चुराकर खाना।
बगीचे से छुप-छुपाकर आम तोड़ कर लाना।
आहर, पईन, नदी-नालों में कूद-कूद नहाना।
घर के बड़े बुजुर्गों से डाँट-फटकार मार खाना।
बात-बात पर यारों से झगड़ना, क्षण में मिल जाना।
त्योहारों में नए कपड़े पहन बाजार जा मिठाई खाना।
बाजार से खिलौने संग उछलते-कूदते आना।
गाँव में भालू-बंदर का नाच मदारी का दिखाना।
बाइस्कोप वाले का गा-गाकर बाइस्कोप दिखाना।
सावन में कजरी-चौहट, झूमर का राग पुराना।
बरसात में कागज का जल में नाव चलाना।
हे! प्रभु, मेरे बीते दिन लौटा दो।

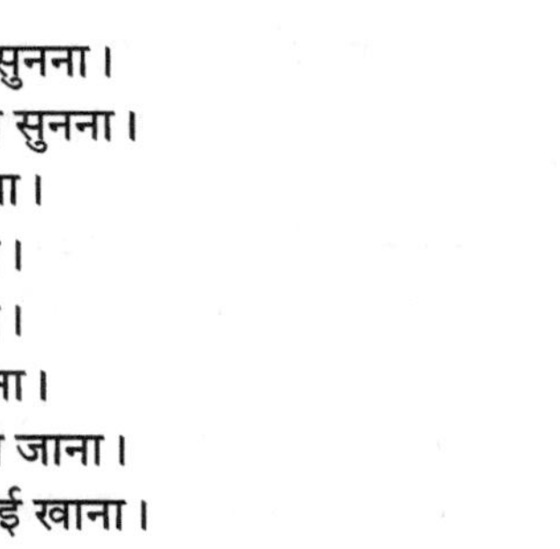

साथ तेरा रहेगा

शैलेन्द्र कुमार "शैल"
(पता :- पटना, बिहार)

लाख तूफान आएगा साथी, साथ तेरा रहेगा।
ये कदम न डगमगाएँगे, हाथों में हाथ तेरा-मेरा रहेगा।

अब तेरे-मेरे जीवन में साथी, एक नया सवेरा रहेगा।
मन मेरा तुझमें खो गया है, खोया ही रहेगा।

मैं और तू एक दूजे को पाया, वो तेरा मेरा रहेगा।
जिंदगी में जो खोया अब तक, अब न खोने का गम रहेगा।

अब जल चुका है नया दीप, अब न गम का साया रहेगा।
खिल उठे हैं हमारे उर, कमल, खिल उठे गात, खिला ही रहेगा।

लाख तूफां आएगा साथी, साथ तेरा ही रहेगा।
चलते रहेंगे जीवन पथ पर कदम, साथ तेरा ही रहेगा।

मन में भर उल्लास, लिए विजय की आस, पग बढ़ता जाएगा।
लाख तूफां आएगा साथी, साथ तेरा ही रहेगा।

चलते रहेंगे जीवन पथ पर कदम, साथ तेरा ही रहेगा।
मन में भर उल्लास, लिए विजय की आस, पग बढ़ता जाएगा।

लाख तूफां आएगा साथी, साथ तेरा ही रहेगा।
चलते रहेंगे जीवन पथ पर कदम, साथ तेरा ही रहेगा।
मन में भर उल्लास, लिए विजय की आस, पग बढ़ता जाएगा।

जीवटता की देवी

शैलेन्द्र कुमार "शैल"
(पता :- पटना, बिहार)

(बिहार की बेटी ज्योति आठ दिन में 1200 कि.मी. साईकिल चलाकर अपने विकलांग पिता को दिल्ली से बिहार लेकर आई। उसकी उम्र महज पन्द्रह वर्ष थी।)

नमन हमारा जीवटता की देवी को।
अपने पिता के उस सुंदर कन्या को।

दिल्ली से बिहार साईकिल पर पिता को लाई।
हौसला, उमंग, साहस की प्रतिमूर्ति को।
श्रवण का इस कलयुग में एहसास कराते देवी को।
विषम क्षणों में मुस्कराते प्रेरणादायक अनुभूति को।
सबके अंदर सेवा का भाव जगाते हैं वो।
धारा के विपरीत नाव चलाती है जो।
धीरता, वीरता व शौर्य के नायिका को।
नारी का सम्मान बढाती इतिहास बनाने काली को।
लक्ष्य बौना हो जाता है उसके आगे।
जीवन के काँटों भरे पथ पर जाता है भागे।

दे जाता संदेश देश को बढ़ना है आगे।
शत-शत नमन है देशवासियों का उस देवी को।

करोना का कहर

शैलेन्द्र कुमार "शैल"
(पता :- पटना, बिहार)

डरा, सहमा हर जन है।
करोना का कहर घर-घर है।

शमशानों में लाशों का है अम्बार।
जिधर देखो मचा है हाहाकार।

अस्पतालों में केवल है चीत्कार।
प्राण वायु का हो रहा व्यापार।

बच्चे भी अब हो रहे हैं शिकार।
बदल रहा है रूप करोना बार-बार।

वैज्ञानिक, डॉक्टर पूरी व्यवस्था लाचार।
नहीं मिल रहा है मरीजों को उपचार।

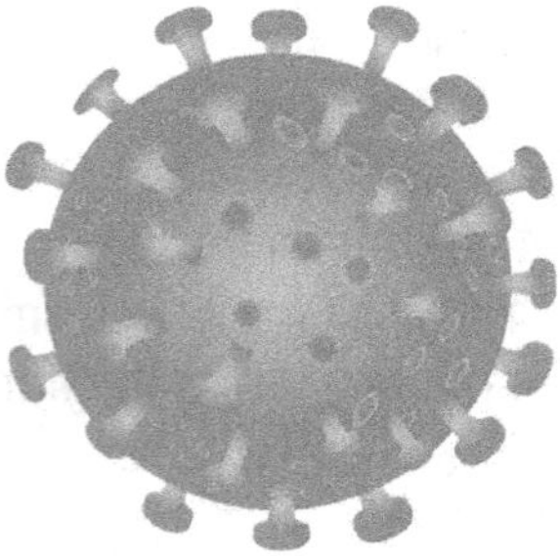

अपने भी मिलने से कर रहे इन्कार।
उजड़ रहा है घर-परिवार।
समझ नहीं आ रहा है मर्ज का उपचार।

हे नटराज बंद करो नर्तन बचा लो संसार।
तुम्हारा ही है अब केवल आसरा आधार।

मानव हर पल माँग रहा जीवन की भीख बार-बार।
याद आ रहा है प्रकृति पर किया अत्याचार।
करेंगे जल, जंगल, प्राकृत सम्पदा का संरक्षण व श्रृंगार।

एकमात्र मंत्र

शैलेन्द्र कुमार "शैल"
(पता :- पटना, बिहार)

हे! भगवान, समझ नहीं पाता,
क्या है हम जन की खता।

उखाड़ रहे हो सुंदर बाग,
चहुँओर दिखाई पड़ रही आग।

न बचा गाँव, न बचा शहर,
श्मशान पर शवों की लाईन इस कदर।

न मिल रहा है अपनों का साथ,
बाप-माय के शव में न लगाता बेटा हाथ।

दलाल, माफिया का हो रहा नंगा नाच,
इंसानियत पर आ रही है आँच।

दवा, वैक्सीन, वेंटिलेटर की किल्लत,
मरीजों को उठाना पड़ रहा है जिल्लत।

सिस्टम हो गया है बिल्कुल ध्वस्त,
राजनेता राजनीति में हैं मस्त।

आरोप-प्रत्यारोप में सब हैं व्यस्त,
असह्य पीड़ा व वेदना से जनमानस त्रस्त।

दुनिया हो रही है अदृश्य शक्ति से परास्त,
आओ मिलकर करें प्रयत्न यही है एकमात्र मंत्र।

तभी कर पायेंगे करोना लहर का अंत।
तभी कर पायेंगे करोना लहर का अंत।।

खाँटी बिहारी

शैलेन्द्र कुमार "शैल"
(पता :- पटना, बिहार)

हम खाँटी बिहारी हैं।
धोती, कुर्ता, पगड़ी धारी हैं।

लिट्टी चोखा से यारी है।
मगध राज्य के व्यंजन बिरंज प्यारी हैं।
नालंदा, विक्रमशीला, बोधगया ज्ञान स्थली हैं।

गया जी, विष्णु पद, मोक्ष दायनी हैं।
राजगीर, ककोलत, पावापुरी हम हैं।
हम खाँटी बिहारी हैं।

दशरथ माँझी फगुनिया के गहलौर घाटी हैं।
मगही पान के क्यारी हैं।
विश्व के प्रथम लोकतंत्र के अधिष्ठात्री हैं।
वैशाली के लिच्छवी गणराज्य हम हैं।
विराट रामायण मंदिर व पुरौना धाम हैं।
हम खाँटी बिहारी हैं।

वाणासुर के बाणावर व सिद्धेश्वर धाम हैं।
आरा के आरण्य देवी, शेरशाह के मकबरा हैं।
बिस्मिलाह के शहनाई, जगदीशपुर कुंवर धाम हैं।
चवन ऋषि के मधुश्रावां, देवकुंड धाम हैं।
जयप्रकाश, कुँवर, गोविंद, कर्पूरी, निशानी हैं।
हम खाँटी बिहारी हैं।

सम्राट अशोक, चन्द्रगुप्त, चाणक्य हैं।
शारदा सिन्हा, भरत सिंह, मनोज, पवन, खेसारी लाल हैं।
मैथिली ठाकुर, महेन्द्र मिसिर के लहरी है।
मगही, भोजपुरी, मैथिली, अंगिका, बज्जिका भाषा प्यारी हैं।
चौहट, कजरी, लोरिकायन के गीत हम हैं।
देव, उलार, औंगारी सूर्य के धाम हैं।

ब्रह्म पुर के ब्रह्म बाबा व गोपालगंज के थावे माई हैं।
विद्यापति, दिनकर, रेणु, आर्यभट्ट, बाराहमिहिर महाज्ञानी हैं।
मॉरिशस, सूरीनाम में हमर गुणगान भारी है।
हम खाँटी बिहारी हैं।

गंगा, यमुना, सोन, पुनपुन, कोशी, गंडक, कछारी हैं।
एशिया का प्रसिद्ध मेला व हरिहरनाथ धाम हैं।
मनेर के लड्डू, सिलाव के खाजा हैं।
बाढ़ के लाई, गया जी के तिलकुट हैं।
मगध के हम राजधानी हैं।
हम खाँटी बिहारी हैं।

हम बच्चे

शैलेन्द्र कुमार "शैल"
(पता :- पटना, बिहार)

हम बच्चे हैं सच्चे।
मिलकर काम करेंगे अच्छे।
आपस में हिल–मिल के रहेंगे।
नहीं किसी से बैर करेंगे।
बाग-बगीचे की सैर करेंगे।
पढ़-लिखकर आगे बढ़ेंगे।
नाचेंगे, गायेंगे, खुशियाँ मनायेंगे।
बड़ों का आदर सत्कार करेंगे।
अच्छे-अच्छे संस्कार सीखेंगे।
सबसे सुंदर व्यवहार करेंगे।
गुरुजनों का सम्मान करेंगें।
अंर्तमन में रोज ध्यान करेंगे।
जग में रोशन नाम करेंगे।
अनुशासन में काम करेंगे।
नहीं डरेंगे, नहीं झुकेंगे।
जीवन पथ पर आगे बढ़ेंगे।
भारत माँ का मान रखेंगे।

बुला रहा है तेरा प्यार

शैलेन्द्र कुमार "शैल"
(पता :- पटना, बिहार)

जाना था बहुत दूर,
मगर जाऊँ कैसे?
बुला रहा है तेरा प्यार,
मगर आऊँ कैसे?
घन घहरा रहे हैं,
मग्न मन भा रही,
जल की फुहार।
मन मचल रहा है ,
दिल धड़क रहा है।
मन को भा रहा है,
प्रकृति का प्यार।
जाना था बहुत दूर,
मगर जाऊँ कैसे?
बुला रहा है तेरा प्यार,
मगर आऊँ कैसे?

सबसे बड़ा है मानव धर्म

जमीरुल शेख
(पता :- पूर्व बर्धमान,
पश्चिम बंगाल)

जाति-पाति के बंधन तोड़ो, तोड़ो ये दीवारें,
इंसानियत की राह पर चलकर, हम सबको पुकारें।
मजहब तो सिखाता है बस, आपस में प्यार करना,
फिर क्यों हमने सीखा केवल, नफरत में ही मरना?
ईश्वर बसता हर प्राणी में, अल्लाह हर एक दिल में,
क्यों ढूँढे उसे पत्थर में हम, और उलझें मुश्किल में?
किसी प्यासे को पानी देना, सबसे बड़ी इबादत है,
दुखियारे के आँसू पोंछना, असली यही इबादत है।
रंग अलग हो सकते हैं, पर खून का रंग है एक ही,
साँसों की डोरी सबकी है, कुदरत की दी नेक ही।
न कोई ऊँचा, न कोई नीचा, न कोई यहाँ पराया है,
मिट्टी से ही जन्म लिया, मिट्टी में ही मिल जाना है।
मंदिर, मस्जिद और गुरुद्वारे, सब राहें एक ठिकाने की,
कोशिश करो कि प्यास बुझाएँ, हर जलते आशियाने की।
छोड़ के बैर और ईर्ष्या को, हम प्रेम की ज्योत जलाएँ,
सच्चा मानव वही जो जग में, खुशियों के फूल खिलाए।
सब धर्मों से ऊपर उठकर, मानव धर्म निभाएँ हम,
इंसान हैं हम, बस इंसान बनकर, जग को स्वर्ग बनाएँ हम।

आशाओं का आकाश

जमीरुल शेख
(पता :- पूर्व बर्धमान,
पश्चिम बंगाल)

नील गगन की इन आँखों में,
सपनों का इक मेला है,
हिम्मत अगर साथ खड़ी हो,
मन न कभी अकेला है।

छोटा-सा इक बीज हृदय में,
वटवृक्ष बन जाएगा,
जब आशाओं का यह सूरज,
अंधियारों को खाएगा।

माना राहें कठिन बड़ी हैं,
पाँव में पड़ते छाले हैं,
पर याद रहे! बाधाओं से ही,
इतिहास रचने वाले हैं।

बाधाओं के पर्वत हों या,
गहरी काली रातें हों,
हौसलों के इन पंखों पर,
बस जीत की ही बातें हों।

उड़ो कि यह आकाश तुम्हारा,
हदें नहीं इसकी कोई,
जागो कि अब वक्त तुम्हारा,
किस्मत अब न रहेगी सोई।

सितारों को तुम छू लेना,
रखकर मन में अटूट विश्वास,
अनंत तक फैला हुआ है,
तुम्हारी आशाओं का आकाश।

मेरा प्यारा परिवार

जमीरुल शेख
(पता :- पूर्व बर्धमान,
पश्चिम बंगाल)

घर की ईंटें नहीं, अपनों का प्यार है,
जहाँ बसता खुशियों का संसार है।
कंधों पर बोझ हो चाहे कितना भी बड़ा,
साथ खड़ा मेरा पूरा परिवार है।

पापा की डाँट में छिपा एक दुलार है,
अनुशासन की मूरत, वही घर का आधार हैं।
उनकी मेहनत से सजती हैं हमारी राहें,
वो मेरे जीवन के सबसे बड़े मददगार हैं।

माँ की ममता का कोई अंत नहीं,
उसके आँचल जैसा कोई बसंत नहीं।
चोट लगे मुझे तो दर्द उसे होता है,
माँ से बढ़कर दुनिया में कोई संत नहीं।

भाई-बहन की वो मीठी सी लड़ाई,
रूठना-मनाना और बचपन की परछाईं।
दुख में हाथ थामे जो बनकर ढाल,
वही तो है कुदरत की सबसे बड़ी कमाई।

जब पूरी दुनिया मुँह मोड़ लेती है,
तब ये छत हमें सुकून से जोड़ लेती है।
धन-दौलत से नहीं, अपनों के साथ से,
एक सच्ची मुस्कान घर की ओर मुड़ लेती है।

पेड़ हमारे मित्र

धरती का श्रृंगार हैं पेड़,
जीवन का उपहार हैं पेड़।
खुद धूप में जलते हैं ये,
हमको छाया देते हैं पेड़।
मीठे-मीठे फल देते हैं,
सुंदर फूल खिलाते हैं।
पक्षी इन पर घर बनाते,
लोरी गाकर सुलाते हैं।
प्रदूषण को दूर भगाते,
शुद्ध हवा ये देते हैं।
बादल को ये पास बुलाकर,
खूब वर्षा करते हैं।
आओ! हम सब कसम ये खाएँ,
ढेर सारे पेड़ लगाएँ।
हरी-भरी हो धरती अपनी,
खुशहाली सब जगह फैलाएँ।

जमीरुल शेख
(पता :- पूर्व बर्धमान,
पश्चिम बंगाल)

मज़दूर

जमीरुल शेख
(पता :- पूर्व बर्धमान,
पश्चिम बंगाल)

मजदूर राष्ट्र का निर्माता
जो तपते सूरज में जलता है,
तब ही देश का पहिया चलता है।
कंधों पर भारी बोझ उठाए,
वो मिट्टी से सोना उपजाए।
न थकान का शिकवा होता है,
न चैन से कभी वो सोता है।
मेहनत की स्याही से अपनी,
वो किस्मत अपनी बोता है।
ऊँचे महल जो खड़े हुए,
उसकी ही मेहनत से बड़े हुए।
पर अफ़सोस वही मज़दूर कहीं,
कच्ची बस्ती में पड़ा हुआ।
उसकी हथेली के छाले,
सच्चाई की कथा सुनाते हैं।
दुनिया को रोशन करने वाले,
खुद अंधेरे में रह जाते हैं।

कल के निर्माता : छात्र और छात्राएँ

जमीरुल शेख
(पता :- पूर्व बर्धमान,
पश्चिम बंगाल)

हाथों में उज्ज्वल भविष्य की लकीरें,
आँखों में दुनिया जीतने के सपने।
निकल पड़े हैं राह बनाने अपनी,
छोड़कर सुख-सुविधा और घर अपने।
छात्र है जैसे बहती हुई एक धारा,
जो चट्टानों से टकराना जानता है।
छात्रा है वो शक्ति का अटूट रूप,
जो हर मुश्किल में मुस्कुराना जानती है।
कभी किताबों के पन्नों में खोए रहते,
कभी मैदानों में पसीना बहाते हैं।
ये केवल विद्यार्थी नहीं हैं दोस्तों,
ये तो नए युग की नींव सजाते हैं।
कलम की ताकत ही इनकी पहचान है,
मेहनत ही इनका सबसे बड़ा सम्मान है।
न हार का डर, न थकने का कोई बहाना,
इनका लक्ष्य है बस ऊँचाइयों को पाना।
कहीं विज्ञान की गुत्थियाँ सुलझती हैं,
कहीं कला के सुंदर रंग बिखरते हैं।
शिक्षक की सीख और खुद के परिश्रम से,
ये कच्चे हीरे हर दिन यहाँ निखरते हैं।
आगे बढ़ो तुम, बिना रुके बिना थमे,
ये सारा आसमान अभी तुम्हारा है।
तुम्हारे ही कंधों पर टिकी है ये दुनिया,
तुमसे ही चमकता ये देश हमारा है।

हौसलों की जीत

जमीरुल शेख
(पता :- पूर्व बर्धमान,
पश्चिम बंगाल)

पश्चिम बंगाल के सुदूर दक्षिण में स्थित सुंदरवन का इलाका जितना सुंदर है, उतना ही खतरनाक भी। यहाँ की मिट्टी नमकीन है और हवा में संघर्ष की गंध बसी है। इसी इलाके के एक छोटे से टापू पर 'तपती' अपने परिवार के साथ रहती थी। तपती के पिता, बिमल बाबू, जंगल से शहद इकट्ठा करने का जोखिम भरा काम करते थे। घर की आर्थिक स्थिति ऐसी थी कि कभी-कभी दो वक्त की रोटी का जुगाड़ करना भी मुश्किल हो जाता था।

तपती का एक ही सपना था - पढ़-लिखकर अपने गाँव के लिए कुछ करना। वह जानती थी कि उसके गाँव में न तो अच्छे अस्पताल हैं और न ही बिजली। वह अक्सर हुगली नदी के किनारे बैठकर बहते पानी को देखती और सोचती कि क्या कभी उसकी ज़िंदगी भी इसी नदी की तरह बाधाओं को चीरती हुई आगे बढ़ पाएगी?

तपती की दसवीं की परीक्षा नज़दीक थी। वह दिन-रात कड़ी मेहनत कर रही थी। तभी एक रात बंगाल की खाड़ी से एक भयानक चक्रवात उठा। समंदर की लहरें दीवारों को लाँघकर गाँव में घुस आईं। चीख-पुकार के बीच लोग अपनी जान बचाकर ऊँचे स्थानों की ओर भागने लगे। सुबह जब सूरज निकला, तो सब कुछ तबाह हो चुका था।

तपती का कच्चा घर ढह गया था, उसके पिता की नाव बह गई थी और सबसे दुखद यह था कि उसकी सारी पुस्तकें और हाथ से लिखे हुए नोट्स कीचड़ में मिलकर गल चुके थे। बिमल बाबू ने सिर पकड़कर रोते हुए कहा, "बेटी! भगवान को हमारी तरक्की मंज़ूर नहीं है। अब पढ़ाई छोड़ दो, हमें अपना पेट पालने के लिए शहर जाकर मज़दूरी करनी होगी।"

गाँव के बाकी लोग भी हार मान चुके थे, लेकिन तपती की आँखों में अब भी एक चमक थी। उसने ठान लिया था कि वह अपनी किस्मत का रोना नहीं रोएगी। वह अपने पिता के साथ कोलकाता शहर चली गई। वहाँ दिन भर वह लोगों के घरों में बर्तन साफ़ करने और साफ़-सफाई का काम करती, ताकि अपने पिता का हाथ बँटा सके।

लेकिन शाम होते ही उसकी असली यात्रा शुरू होती थी। वह शहर के सार्वजनिक पुस्तकालय के बाहर बैठकर वहाँ से फेंकी गई पुरानी पत्रिकाओं

और अख़बारों को पढ़ती। शहर की सड़कों पर जलती हुई रोशनी उसके लिए उम्मीद का प्रकाश बन गई। कई बार उसे भूखे पेट सोना पड़ता, लेकिन उसके मन में महापुरुषों - ईश्वर चंद्र विद्यासागर और स्वामी विवेकानंद के विचार गूँजते थे, जो उसे रुकने नहीं देते थे।

तपती ने अपनी मेहनत और दूसरों की मदद से मिली पुरानी पुस्तकों के सहारे उच्च शिक्षा की परीक्षा दी। उसके पास न तो कोई निजी शिक्षक था और न ही कोई सुख-सुविधा। उसके पास था तो बस एक अटूट संकल्प।

जब परिणाम घोषित हुआ, तो पूरी कोलकाता नगरी और उसका छोटा सा गाँव दंग रह गया। तपती ने न केवल परीक्षा उत्तीर्ण की थी, बल्कि उसने पूरे राज्य में शीर्ष स्थान प्राप्त किया था। उसकी कहानी समाचार पत्रों की सुर्खियाँ बन गई। सरकार ने उसे छात्रवृत्ति दी और उसकी उच्च शिक्षा का पूरा भार उठाया।

कुछ वर्षों बाद, तपती एक प्रशासनिक अधिकारी बनकर अपने गाँव लौटी। आज उसके गाँव में पक्की सड़कें हैं, बिजली है और एक बड़ा अस्पताल भी है। जो लोग कभी उसे मज़दूरी करने की सलाह देते थे, आज वे अपनी बेटियों को तपती जैसा बनने की सीख देते हैं।

तपती की यह जीत केवल उसकी व्यक्तिगत जीत नहीं थी, बल्कि यह उन तमाम मुश्किलों के विरुद्ध 'हौसलों की जीत' थी, जो एक इंसान के रास्ते में दीवार बनकर खड़ी होती हैं।

कुर्सी का कमाल

जमीरुल शेख
(पता :- पूर्व बर्धमान,
पश्चिम बंगाल)

हम जनता हैं, हम सीधी-सादी बातें करते हैं,
मगर नेताजी तो हवा में किले बनाते हैं।
चुनाव से पहले जोरों से वचन देते हैं,
जीतने के बाद सब आईना दिखाते हैं।
पहले कहते थे पानी मुफ्त देंगे, बिजली मुफ्त देंगे,
गरीबी को एक झटके में मिटा देंगे।
अब कहते हैं, "टैक्स भरो और पेट्रोल महँगा लो,"
वरना देश की नाव कैसे चलाएँगे?
सड़कें बनेंगी चौड़ी, विकास की गंगा बहेगी,
बस पाँच साल और धैर्य रखना ज़रूरी है।
मगर सड़कें वही हैं, और गड्ढे भी पुराने,
बस नेताजी की गाड़ी ही नई और मज़बूत हुई है।
ईमानदारी की बातें बड़ी-बड़ी करते हैं,
मगर अंदर की फाइलें चुपके से सरकती हैं।
पार्टी चाहे कोई भी हो, कुर्सी का यही कमाल है,
अच्छे-अच्छे नेक इंसान को भी टेढ़ा कर सकती है।
तो हम वोट देते हैं, और इंतज़ार करते हैं,
शायद अगले चुनाव में सपना सच हो जाए।
वरना अपनी किस्मत पर ताली बजाकर,
राजनीति के इस खेल पर बस हँसते रह जाएँ!

दादी माँ की सीख

जमीरुल शेख
(पता :- पूर्व बर्धमान,
पश्चिम बंगाल)

पास बिठाकर दादी माँ,
मीठी कथा सुनाती हैं।
जीवन जीने के सुंदर,
वे गुण हमें सिखाती हैं।

वे कहती हैं— "सदा सवेरे,
सूरज से पहले जागो।
आलस छोड़ो, मेहनत पकड़ो,
बुरी राह से भागो।"

"कड़वा कभी न बोलो प्यारे,
सबसे मीठा बोलना।
किसी का दिल तुम मत दुखाना,
शब्दों को पहले तोलना।"

"पेड़ लगाओ, दया दिखाओ,
सबकी मदद तुम करना।
बड़े हों या हों छोटे घर के,
सबका आदर करना।"

दादी माँ की सीख निराली,
जैसे फूलों की एक डाली।
इन बातों को जो मान ले,
खुशियाँ उसकी झोली वाली।

मन सच्चा सखा

डॉ० उषा टिबड़ेवाल "मीरा"
(पता :- चेन्नई, तमिल नाडु)

सोचती हूँ,
कृष्ण और सुदामा जैसा,
ज़िन्दगी में 'सखा', एक खास होना चाहिए,
हर पल पथ पर, यह मिठास होनी चाहिए,
मैं-तुम से, हम बन, दुख-दर्द की साथ रहना चाहिए,
बैठे साथ यादों के संजोए की बाते होना चाहिए,
सखा को छोड़ कौन होता,
जो अपने आँसुओं का महत्त्व को समझा,
कृष्ण जैसे कौन, सुदामा का सन्देशा सुन,
दौड़ मिल, अपने सिंहासन पर बिठाता,
मेरी कलम सोचे, कैसे लिखे,
सच्चा सखा का नाम, जो कृष्ण जैसा होता,
सोच कर,रूक-रूक कर चल,
लिखने में हो गई मजबूरी, स्याही ख़त्म नहीं,
पर, विचलित हो, गिर जाती,
जाने क्यों सखा पाने का अहसास दुबारा उठा लेती,
आत्मन से आवाज आए,
मन को सखा समझ,
इस एहसास में, एक नया जीवन पा लेती हूँ।

समुद्र का रहस्य

समुद्र का रहस्य,
जैसे आँखों का समंदर,
जैसे रहस्यमयी गहराई समुद्र है,
वैसे ये आँखे रहस्यमय गहराई का मंजर है।
दिन रात समुद्र की लहरें आती जाती लेती अंगड़ाई,
वैसे ये आँखों का,
बिन लहरों के दिखती गहराई,
समुद्र में सैलाब उठे तो प्रकृति को हिला देता है,
दिल का सैलाब,
आंतरिक शक्ति हिली, ज़िन्दगी मिटा देती है,
समुद्र की गहराई कोई न जान पाए,
उसमें छिपे सीप मोती,
ये आँखें भी, रहस्यमय समंदर है कोई,
जिसमें हर जज़्बात जान न पाया कोई।
लहरों ने अपना मिलन, किनारों से कभी न कर पाया,
आते जाते के सफर का दर्द, कोई समझ न पाया,
इन आँखों की बस ऐसे ही अश्कों की बात है,
हर बूँद में एक अधूरी दास्तां की सौगात है।
समुद्र देखता आसमान, बादलों से बतलाने को तरसता,
कब वर्षा की मीठी बूँदें बरसे,
मुझमें आलिंगन कर
मज हो जाय,
न मौसम,न पैगाम दे
आँखों में घिरते हैं, ऐसे बादल हर शाम,
बरस भीतर का सब कुछ बहा ले जाए।।

डॉ० उषा टिबड़ेवाल "मीरा"
(पता :- चेन्नई, तमिल नाडु)

लैंगिक सिक्के के दो पहलू

डॉ० उषा टिबड़ेवाल "मीरा"
(पता :- चेन्नई, तमिल नाडु)

नारी न,नर से कम,
नर न नारी से कम हैं ,
दोनों हर कठिन काम में,
समानता का भरते दम हैं।
भेदभाव ज़्यादातर मिट गया अब,
हर डगर अपनी नई दुनिया बसाते हैं।
नर-नारी आगे बढ़ते जाएँ, न है अब कोई फिक्र है।
लैंगिक असमानता से आज भी पीड़ित समाज है,
इंसानों में और अधिक बदलाव की जरूरत में ही साज है।
नर परिवार का वंश है, तो नारी का ही वह अंश है।
नर एक परिवार में आन है, नारी दो परिवार की शान है।
नर एक पुरुष होने का शब्द है,
वो शब्द का अर्थ में ही नारीश्वर है,
नर परिवार का मान है,
नारी शक्ति, त्याग का गुमान है।
नर सूर्य जैसा सर्वोत्तम है,
नारी रोशनी की किरणें में उत्तम है।
नर संस्कृति का पाठ है, तो नारी संस्कार में महान है,
एक दिन है तो एक रात है,
लैंगिक असामानता की कोई न बात है,
दोनों की महानता एक दूजे में समाए है,
जैसे शिव अर्धनारीश्वर कहलाए हैं।।

आज एक ख्वाब देखा

डॉ० उषा टिबड़ेवाल "मीरा"
(पता :- चेन्नई, तमिल नाडु)

आज मैंने, तेरी मेरी दोस्ती का एक ख़्वाब देखा,
अच्छा और सच्चा होते देखा,
ख़्वाब में न जाने, कितने रूप में दोस्ताना देखा,
एक ख़्वाब बार-बार ऐसा देखा,
खुद को हक़ीक़त में तेरे पास देखा,
तुम मेरे हाथ पकड़, हमसफ़र बन चलते देखा,
तेरा सिर मेरे कंधे पर सुकून में ढलते देखा,
मेरी आँखों में आँसू देख, तुझे मायूस होते देखा,
पर अगले ही क्षण मेरा चेहरा खिल, तेरी आँखो में देखा,
तेरे साथ बीते हर लम्हे का, मस्ती मिलन दोस्ताना देखा,
तेरी प्रार्थना में, मेरे लिए दुआ करते देखा,
दोस्ती कभी न ख़त्म हो, जन्म-मरण का वादा करते देखा,
सपनों में अटूट दोस्ती को विश्वास बनते देखा,
नाना-नानी, दादा-दादी, हमने दोनों को बूढ़ा होते देखा।
आज मैंने मेरी तेरी दोस्ती का एक ख़्वाब देखा,
अच्छा और सच्चा होते देखा।।

हर मानव की स्वतंत्रता

डॉ० उषा टिबड़ेवाल "मीरा"
(पता :- चेन्नई, तमिल नाडु)

आओ! सब मिल,
77वाँ स्वतंत्रता तिरंगा झंडा, खुशियों से लहरा,
सब मिल जन-गण-मन गीत गाएँ.....

जात-पात न देख हर मानव,
जय हिन्द, जय भारत माँ, वन्दे मातरम् बोल,
मिल-जुलकर स्वतंत्रता दिवस मनाएँ,
सब मिल जन-गण-मन गीत गाएँ.....

अंग्रेज़ों की जंजीरों से आज़ादी दिलाई,
उन शहीद को मीठे स्मृति में लाएँ,
फक्र से झंडा लहरा
भारत का गौरव बढ़ाएँ,
सब मिल जन-गण-मन गीत गाएँ.....

आज नहीं, हर राष्ट्रीय त्योहार पर,
सामूहिक हो,
प्रेम, खुशी बाँट शान्तिपर्व का,
तिरंगा लहराएँ,
सब मिल जन-गण-मन गीत गाएँ.....

क्या हिन्दू, क्या मुस्लिम, सिख, ईसाई,
न कोई भेदभाव, हम सब है बहन-भाई,
धरती माता हर इंसान की माँ कहलाए,
सब मिल जन-गण-मन गीत गाएँ.....

जो शहीद हुए उनका मनन कर,
उन्हें नमन कर श्रद्धा से याद कर,
सबके नाम पुष्प चढ़ाएँ,
सब मिल जन-गण-मन गीत गाएँ.....

भारत हमारा ज्ञान का भंडार,
लोगों में सद्गुणों का अंबार,
ईश्वर एक है का पाठ पढ़ाएँ,
सब मिल जन-गण-मन गीत गाएँ.....

क्या मेरी याद आई

डॉ० उषा टिबड़ेवाल "मीरा"
(पता :- चेन्नई, तमिल नाडु)

कैसे मानू किसी को मेरी याद न आती,
मैं तड़पूँ इधर, क्यों न मेरी बेकरारी उन तक जाती,
वो अब क्यों न करते फिक्र मेरी,
खुदा ने ऐसी क्यों सजा दी,
माना हम सफर साथ नहीं, पर अकेले क्यों जीना,
किसी और से हो दोस्ती,
ज़िन्दगी में उनका आना, क्यों मना,
चलते हैं, अनजान कच्चे रास्ते,
कमजोर को चलते देख,कोई भी सहारा देते।

मेरी भी कुछ ख्वाहिशें पूरी होती,
शायद उनके सहारे की वज़ह से,
वज़ह ने जिन्दा तो किया,
पर मजबूरियाँ मेरी थी कुछ कहीं से,
अपनी बंदिशों में जकड़े, अनकहा हुआ,
अनजान बन चल उनका साथ छूट गया,
अकेले ज़िन्दगी को फिर से क्यों जीना पड़ा,
जाकर पूछे कोई उनसे,
क्यों थामा था हाथ मेरा,
क्यों कई कसमें-वादे के साथ था खड़ा,
कुछ पल साथ न दिया,
तो मुकर चल दिए धोखे के साथ,
मझधार में मेरी जीवन नैया छोड़,
और तन्हा कर गए आज।।

सपना एक अपना

डॉ० उषा टिबड़ेवाल "मीरा"
(पता :- चेन्नई, तमिल नाडु)

मैंने देखा है सपना एक अपना,
दिल की दुनिया में, लिखा तेरा नाम अपना,
चाहत है तेरे दिल मैं रह लूँ मैं,
जिंदगी में प्यारे रंग भर, तेरे संग जी लूँ मैं।

तू है आसमान तो छूकर,पा लूँगा पूरा जहां मैं,
मुट्ठी में भर तारें, आँचल में सजा लूँगा मैं।

तेरा साथ मिला उड़ने, तो मन पंख कर,
सच करूँ, मेरे सपने को मैं।

तेरा साथ है तो प्यार में तूफां जैसे हवा का झोका,
फिर कभी हिम्मत नहीं हारूँगा मैं।

अब दूर नहीं मंजिल,हर वक्त तुम साथ हो,
तो जीत की बाजी पाऊँगा मैं।

आ जाओ! उस राह पे जहाँ, देखे हैं तेरे साथ के सपने,
होंगे पूरे सपने, जहाँ साथ होगे तुम और मैं।।

अकेलापन का साथी मेरी कलम

डॉ० उषा टिबड़ेवाल "मीरा"
(पता :- चेन्नई, तमिल नाडु)

मुझे मार डालेगा जब यह अकेलापन,
मेरी साथी कलम का न होना!
तो जिंदगी किस काम होती,
यदि साथ नहीं कलम मेरी,
जगत में जिंदा मैं कहाँ होती।
कौन प्रकृति की सौंदर्य पर कविता लिखता,
कौन बताता पेड़ों की महानता,
कौन हमारे जीवन में अमरत्व लाता,
कौन बोलता कि कोरे कागज पर,
अक्षर सजते सँवरती जब,
अक्षरों में प्राण का तत्व होता।
शब्दकार सार्थक हुआ करते,
जब हमारे हाथ कलम होती।
हर एक शब्दानंद दिल को छूकर उतरता,
भाव मेरे अक्षर के अर्थ को तब मिलते,
जब किसी के होंठों पर चढ़ उभरते उतरते।
कर सके न किसी को विचलित शब्द मेरे यदि,
तो भला समझ लो व्यर्थ,
मेरी कलम कविता बन शब्द लिखते।
कलम यदि न मचलें साथ रहने को मेरे,
अकेलेपन को साज कर संजोता मैं कैसे,
मेरी कलम सुख लिख, निहित अंदर मुझे सजा,
दुःखद अन्त आधार होती कैसे।
मेरी कलम मेरी साथी न हो तो,
किसको साथ रख इस अकेलापन को,
किसी के साथ बाँटती मैं कैसे।।

आशाओं का आकाश

डॉ० उषा टिबड़ेवाल "मीरा"
(पता :- चेन्नई, तमिल नाडु)

तेरा साथ नहीं तो जिंदगी में अंधेरा है,
आशाओं का आकाश कल जरूर उजाला लाएगा,
आज किसी का है, कल हमारा भी आएगा।
उम्मीद पर है दुनिया कायम कहते हैं लोग,
अंधेरा हमारे प्यार का जल्द ही मिट जाएगा।
हमेशा आशा की किरण जगाते रहना,
निराशा से घनघोर अंधेरी रात होती,
हर आशाओं का आकाश में,
प्यार की आशा छिपी होती।
ध्वनि एक प्रतिध्वनि जैसे,
पुकारो तो प्यार भी फिर लौट कर आएगा।
यही प्रकृति का नियम,
जो जैसा देता, वह वैसा ही पाता,
सदियों से चल रहा, प्यार में गम का होना,
तो क्या जीवन में,आशाओं का आकाश हो तो,
कल ख़ुशी-ख़ुशी से हमारा प्यार लौट आएगा।।

तेरी यादों में हम जो जीते हैं

डॉ० उषा टिबड़ेवाल "मीरा"
(पता :- चेन्नई, तमिल नाडु)

गम, खुशियों से वास्ता छोड़,
हम बस तुझमें खो जाना चाहते हैं,
तेरी यादों में हम जो जीते हैं।

अपने हो या पराए,
तुम साथ हो तो सबसे दूर,
चले जाना चाहते हैं,
तेरी यादों में हम जो जीते हैं।

ज़िंदगी में दोस्त और दुश्मन,
कभी बसते थे जो दिल में,
अब,उन सब को भूलना चाहते हैं,
तेरी यादों में हम जो जीते हैं।

ज़ख्म से मरहम तक
ज़िंदगी की लड़ाई में,
दुख,परेशानी से पीछा छुड़ाना चाहते हैं,
तेरी यादों में हम जो जीते हैं।

महफ़िल भी वीरान लगती तेरे बिन,
खुशी हो या गम किसी बहाने,
तुझसे लिपट कर रोना चाहते हैं,
तेरी यादों में हम जो जीते हैं।

न जरूरत किसी के साथ की अब,
और न तेरी जगह किसी की हो सकती,
तुम संग रहो वक्त के साथ,
उस पल में रहना चाहते हैं।
तेरी यादों में हम जो जीते हैं।।

रंगों की सौगात

डॉ० अमृत बिसारिया
(पता :- दुबई)

होली आई हँसती गाती, रंगों की सौगात लिए,
मन के सूने आँगन में नव उमंग की बात लिए।

अबीर गुलाल उड़ाते सब, नभ भी रंग में डोला,
ढोल मंजीरे संग गूँजा, हर चौक पुराना टोला।

पिचकारी से निकल पड़ी जब इंद्रधनुषी धारा,
भीग गई हर रूठी यादें, हँस पड़ा जग सारा।

गुझिया, मालपुए की खुशबू, रसोई से मुस्काई,
माँ के हाथों की मिठास ने मधुर स्मृति जगाई।

टेसू के रंगों से रँगकर धरती हुई सुहानी,
फागुन की मादक बयार ने छेड़ी प्रेम कहानी।

राधा सा मन सजा सँवरा, कान्हा सा मनमौजी,
रंग भरी अठखेलियों में खो गया हर संकोची।

गले मिलें जब दोस्त पुराने, मिटे गिले शिकवे,
एक रंग में रंगे सभी, अपने पराये सब दिखते।

हँसी ठिठोली, गीत फाग के, रंग झमाझम बरसे,
बुराई पर अच्छाई जीती, हृदय दीप प्रकाशित करते।

होली का यह पावन पर्व संदेश यही दोहराए,
प्रेम, सद्भाव, एकता से ही जीवन रंगीन बनाए।

रमज़ान

डॉ० अमृत बिसारिया
(पता :- दुबई)

रमज़ान रखते हैं दिल को पाक बनाने के लिए,
सब्र और शुक्र का पाठ खुद को सिखाने के लिए।
भूख-प्यास सहकर दर्द गैरों का समझें हम,
रहमत की बारिश में खुद को नहलाने के लिए।

रमज़ान का पाक महीना रहमतों की सौगात है,
हर रोज़ा सब्र, शुक्र और इबादत की बात है।
भूख-प्यास में भी रूह को सुकून मिलता है,
हर सजदे में बंदा खुदा से यकीनन जुड़ता है।
कुरआन की तिलावत से दिल नूरानी हो जाता,
रमज़ान हमें इंसानियत का असली मतलब सिखाता।

फागुन

डॉ० अमृत बिसारिया
(पता :- दुबई)

फागुन आया मौसम सुहाना, न चलेगा तेरा बहाना,
फूलों सी हँसी बिखेरी, हर आँगन में तराना।

मौसम रंगीला गुझिया, मालपुए पकवान सजाना,
मिट्टी की सौंधी खुशबू संग, मीठा रस घोल खिलाना।

रंग गुलाल उड़ाना रे, अंबर तक रंग छाना,
रुनझुन पायल बोले, ढोल मृदंग बजाना।

गोरी की चुनरी भिगोना, पिचकारी से इतराना,
शर्माती अँखियों में, सपनों का दीप जलाना।

छेड़-छाड़ करना प्यार से, हँसी में रस घुल जाना,
रूठे मन को मनाकर फिर बाहों में भर लाना।

गले मिलना अपनापन, रिश्ते नए बनाना,
फागुन की फुहारों में प्रेम का फूल खिलाना।

बसंत रंगोत्सव

डॉ० अमृत बिसारिया
(पता :- दुबई)

बसंत पंचमी आई, उपवन में बहार छाई,
कोयल की कूक संग खुशियाँ मुस्काई।
सरसों हँसी खेतों में, नभ ने ओढ़ी धूप रेशमी,
आशा के नूतन स्वप्नों ने पाया मधुर प्रकाश।

वीणा वादिनी सरस्वती, ज्ञान की उजली धार,
तंतुओं में सिमटी है सृष्टि की अनुगूँज अपार।
हृदय-वीणा झंकृत करे, मिटे अज्ञान अँधेरा,
शब्द-सुरों के संग बहे चेतना का मधुर सवेरा।

रंगों की फुहार बिखरी, धरणी से नभ तक,
हर मन में भर दे हँसी, हर पल को दे महक।
पीला, गुलाबी, हरित, सपनों का संसार,
पुष्पों से जीवन बने उल्लास का उपहार।

चाँद का उसके प्रतिबिम्ब से (संवाद शैली)

डॉ० अमृत बिसारिया
(पता :- दुबई)

रात बोली — मैं शीतल चाँदनी की छाया,
थके मनों को देती हूँ विश्राम उनके मन भाया।

दिन हँसकर बोला — मैं स्वर्णिम किरणों का हार,
जग को जगाता, करता कर्मों का संचार।

रात ने कहा — मेरे आँचल में स्वप्न खिलें,
तारों संग आशा के दीपक मिल कर जले।

दिन ने उत्तर दिया — मैं श्रम का उत्सव हूँ,
मेहनतकश मानव का प्रथम अनुभव हूँ।

रात बोली — मेरी नीरवता में गीत छुपे,
मन के गूढ़ रहस्य मुझमें ही पले बढ़े।

दिन बोला — मैं स्पष्टता सत्य का उजियारा,
सत्य का दीप जले तो, तम कहाँ ठहरा?

दोनों बोले — हम विरोधी नहीं, सहचर हैं,
एक ही चक्र के दो सुंदर अंतर हैं।

साथ मिल-जुल कर ही सृष्टि सँवरती है,
रात से दिन, दिन से रात निखरती है।

मैं प्रीत बुनती हूँ

हाँ! मैं प्रीत बुनती हूँ, प्रश्न कई गुनती हूँ,
ख़्वाब अनेकों संजोए मन में चलती हूँ।
हाँ! मैं प्रीत बुनती हूँ...

जीवन की इक नई चाह ले उम्मीद के पथ पर चलती हूँ,
आज हारे तो कल जीतेंगे यह सोच प्रीत बुनती हूँ।
हाँ! मैं प्रीत बुनती हूँ...

डॉ० अमृत बिसारिया
(पता :- दुबई)

कलम हूँ इतिहास बदलने का दम रखती हूँ,
अनेक भ्रांतियों को छोड़ शांति लिखती हूँ।
हाँ! मैं प्रीत बुनती हूँ...

बेहतरीन ज़रिया हूँ दुःख दर्द प्यार बयां करने का,
न आहें न आँसू के बिना सब कुछ कह देती हूँ।
हाँ! मैं प्रीत बुनती हूँ...

प्रीत की इक कमनीय छुवन हूँ मादकता संग,
तुम्हारे गुल के गुलशन को गुलज़ार करती हूँ।
हाँ! मैं प्रीत की छुवन हूँ...
हाँ! मैं प्रीत बुनती हूँ...

ज़िंदगी के गीत

डॉ० अमृत बिसारिया
(पता :- दुबई)

आओ! ज़िंदगी के गीत गाते चले,
कुछ अपनी कहें, कुछ तुम्हारी सुने,
हँस करके जियें, खुल करके हँसे,
इक दिन और जीवन से देखो गया।

इक दौर चला गया, दूसरा आ गया,
सारे जज़्बात दुनिया में प्यारे हुए,
न खोया था कुछ, न पाया था कुछ,
यू ही मँझधार में पल गुज़रते रहे।

उम्र यूँ ही हमें आज़माती रही,
ज़िंदगानी हर इक पल जाती रही,
इक-इक पाठ हमको पढ़ाती रही,
हयात उम्र यूँ ही थकाती रही।

कहाँ तक चलेगी पता भी न था,
इक-इक दिन वजूद से निकलता गया,
कभी काली रात दिवाली कभी,
ज़िंदगी का यूँ पन्ना पलटता रहा।

संगदिल जमाना

अविनाश ब्यौहार
(पता :- जबलपुर, मध्य प्रदेश)

संगदिल लग रहा जमाना है।
आदमी वो बड़ा सयाना है।।

मित्रता यूँ किया करो लेकिन,
जिंदगी भर उसे निभाना है।

घूस ऐसी चली यहाँ भाई-
रिक्त होने लगा खजाना है।

रिस्क होती कभी-कभी जैसे -
उस समय खुद को ही बचाना है।

यदि दुखी है बशर कोई तब तो-
होंठ पर बस हँसी को लाना है।

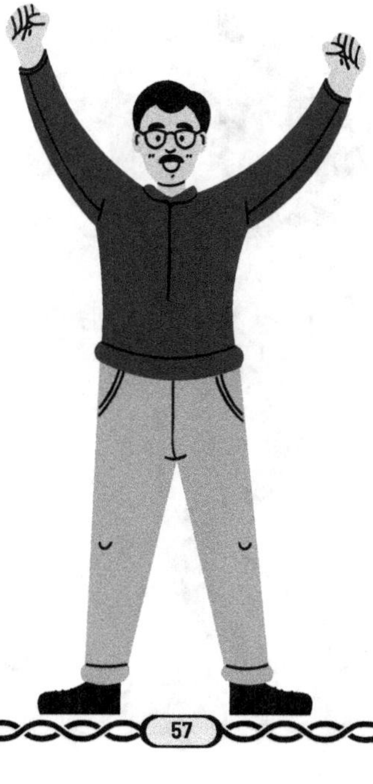

दो मुक्तक

कोयल के तो बोल सुहाने लगते हैं।
ज्यों मौसम पर लोग रिझाने लगते हैं।।
एक शहर ऐसा लगता है ताज्जुब है-
इंसान सभी क्यों अनजाने लगते हैं।

अविनाश ब्यौहार
(पता :- जबलपुर, मध्य प्रदेश)

खूब उपदा खाइए जी।
चोर मत बन जाइए जी।।
देश विचलित क्यों हुआ है -
ये मुझे बतलाइए जी।

आरक्षण

अविनाश ब्यौहार
(पता :- जबलपुर, मध्य प्रदेश)

गहन चिकित्सा के बाद एक मरीज चल बसा। वो लोग सोचने लगे बेहिसाब दवाइयों का खर्च, बेहिसाब डॉक्टर की फीस देनी पड़ेगी। मरीज बच जाता तो चिंता नहीं थी। यहाँ तो आदमी तन से भी गया और धन से भी।

सारी औपचारिकताएँ पूरी करने के बाद एक व्यक्ति ने मुझे बताया कि अस्पताल के नाम पर लूट मची है। एक तो ये आरक्षण प्राप्त डॉक्टर हैं अनुभवहीन। इसलिए तुमने डॉक्टर का चुनाव गलत कर लिया। ये बेहद कम अंक प्राप्त कर डॉक्टर बने हैं।

हमारे यहाँ सेंट-परसेंट बच्चे मेरिट में आकर भी इन आरक्षण प्राप्त युवकों से पीछे रह जाते हैं। यानी आरक्षण योग्यता का गला घोंट देता है।

देश में ऐसी घटनाएँ देखने को मिलती हैं और मिलेंगी। ये अयोग्य डॉक्टर ज्ञान के अभाव में किसी की भी जिंदगी से खेल जाएँगे। आजकल नौकरी का मापदंड आरक्षण हो गया है योग्यता नहीं।

वो देश में चल रहीं ऐसी नीतियों को देखकर क्षुब्ध था।

चढ़ावा

अविनाश ब्यौहार
(पता :- जबलपुर, मध्य प्रदेश)

मोहन क्लर्क के एक सप्ताह से चक्कर लगा रहा था। मोहन की फाइल आगे नहीं बढ़ रही थी। पेंडिंग पड़ी थी।

मोहन ने सोचा उस क्लर्क के पास इस बार जाऊँगा तो पूछूँगा कि आखिर उसकी फाइल आगे क्यों नहीं बढ़ रही है ?

जब मोहन उस क्लर्क के पास अगली बार पहुँचा तो यही बात कही -"बाबू साहब! मेरी फाइल आगे क्यों नहीं बढ़ रही है और कैसे आगे बढ़ सकती है ?"

वो बोला -"इतने दिनों से चक्कर लगा रहे हो और इतना भी न समझ पाए।"

मोहन बोला -"बात मैं समझा नहीं।"

वो बोला -" अरे ! कुछ चढ़ावा चढ़ाओगे तभी तो फाइल आगे बढ़ेगी।"

मोहन को काटो तो खून नहीं। चेहरा सफेद फक्क पड़ गया था और मोहन आगे कुछ पूछने की हिम्मत भी नहीं जुटा पा रहा था। जाते हुए मोहन के मुख से केवल इतना ही निकला -"सचमुच, बदअमली बहुत बढ़ गई है।"

सोर्स

अविनाश ब्यौहार
(पता :- जबलपुर, मध्य प्रदेश)

पूरे स्कूल और अभिभावकों में चर्चा का विषय था कि नेता जी का लड़का स्कूल में प्रथम आया है। हमारे बच्चे भी पढ़ाकू थे वे क्यों नहीं आए ? इस बाबत मैंने हेडमास्टर जी से मिलने की ठानी।

हेडमास्टर जी के पास गया और उनसे बोला कि नेता जी का बच्चा प्रथम कैसे आ गया ?

हेडमास्टर जी सपाट स्वर में बोले- "नेता जी का सोर्स था। उनके बच्चे को प्रथम आना ही था। बोलो आप लोगों के पास है ऐसा कोई सोर्स।"

कहने के लिए मेरे मुँह में जबान ही नहीं थी।

भूल

अविनाश ब्यौहार
(पता :- जबलपुर, मध्य प्रदेश)

उन्होंने मुझसे पेन माँगा दस्तखत करने के लिए। मैंने पेन दे दिया। वह मेरा बहुमूल्य पेन था। उन्होंने पेन लिया और दस्तखत करके चलते बने। पेन वापस करना ही भूल गए। मैं भी किसी काम में उलझ गया सो पेन माँगने की याद ही नहीं रही। जब मुझे याद आया तो मैं पछताने लगा। वो भी अपरिचित , अनजान थे। मुझे टेंशन हो गया।

इत्तेफाक से वे मुझे कैम्पस में टकरा गए। तो मैंने उन्हें पेन की याद दिलाई। वे बोले - "हाँ! मैं पेन वापस करना भूल गया था।" और उन्होंने मेरा पेन वापस कर दिया तथा सॉरी भी कहा।

पेन मिलने से मैं अत्यंत खुश था क्योंकि आजकल तो लोग आँख का काजल चुरा लेते हैं।

आज वक्त किस मोड़ पर आ गया है।

उम्र के 40 साल बाद

अच्युत उमर्जी
(पता :- पुणे, महाराष्ट्र)

उम्र के 40 साल बाद...
प्रेम का अर्थ समझ में आता है...
कौन कैसे ज़िंदगी में आ सकता है...
इसका कोई वक्त तय नहीं रहता...

ज़िंदगी में वक्त के साथ मिला हुआ प्रेम...
हर क्षण का आनंद लेना चाहिए...
समझदारी से उस व्यक्ति को...
अपना बनाना चाहिए...

उम्र के 40 साल बाद...
शारीरिक सुख कम हो जाता है...
मन को समझने की जरूरत है...
हर पल ज़िंदगी में यह एहसास सामने आता है...

प्रेम मिलना और प्रेम देना...
यह कल्पना सुख देती है...
सभी जिम्मेदारियों को परे रखकर...
ज़िंदगी जीनी चाहिए...!

क्या प्रेम ऐसा होता है

अच्युत उमर्जी
(पता :- पुणे, महाराष्ट्र)

बिना माँगे बहुत दे जाता है...
कभी माँगने पर भी नहीं मिलता...
कभी प्रेम हँसते हँसते रुलाता है...
कभी प्रेम रुलाता हुए हँसता है...

प्रेम कभी हाथ नहीं लगता...
जिस पर सबसे ज्यादा प्रेम होता है...
जिसके साथ रहना नहीं रहता...
ज़िंदगी उसके साथ जीनी पड़ती है...

पुरानी यादों को याद करते हुए...
पागल मन प्रेम में जीता रहता है...
मन को झूठला कर रोता रहता है...
ज़िंदगी में प्रेम के लिए तरसता रहता है...

प्रेम में देना रहता है...
ना की लेना रहता है...
जो अपने से प्रेम करता है...
उसके लिए जीना रहता है...

अपने प्रेम को याद करते हुए नहीं...
बल्कि भूल जाना चाहिए...
जिसे जो चाहिए...
वो कभी नहीं मिलता...
बस प्रेम ऐसा होता है...!

चाँद

अच्युत उमर्जी
(पता :- पुणे, महाराष्ट्र)

आकाश में चाँद को देख...
तुम्हारा चेहरा याद आता है...
चाँद की जगह आकाश में...
चेहरा तुम्हारा दिखाई देता है...

चाँद तारों को बाहों में लेता है...
मैं तुम्हारी बाहों में चला आता हूँ...
तुम्हें अपनी बाहों में देख...
जलन महसूस होती है चाँद को...

तुम्हारी सुंदरता देख...
चाँद के गालों पर हँसी नज़र आती है...
तुम्हारी सुंदरता देख...
सभी तारों को भूल जाता है...

प्रतिबिम्ब तुम्हारा देख...
आसमान में तारे सब स्तब्ध हैं...
कौन सी उपमा तुम्हें दें...
सभी अचंभित हैं...

बाहों में तुम्हारी...
मन की ठंडी मानो गायब हो गई...
परिसर में गुलाबी ठंड मानो...
देह को रोमांचित कर दिया है...

प्रखर प्रकाश में तुम्हारे सौंदर्य की...
स्तुति में मुख से गाना गुनगुना बैठा...
स्वर बेधूंद हो गया...
आंगन में रात-रानी की महक आने लगी...

आज मिलना चाहती हूँ तुम्हें

अच्युत उमर्जी
(पता :- पुणे, महाराष्ट्र)

पता नहीं क्यों...
आज का तुम्हें मिलना...
अधूरा-सा लग रहा है...
फिर से उस यारों में जाते हुए...
मिलना चाहती हूँ तुम्हें...

आँखों से बहने वाले आँसू...
तुम्हारा आधार चाहती है...
क्या पता ऐसा क्या गुनाह हुआ हमसे...
मिलना चाहती हूँ तुम्हें...

चाँद को जैसे आस तारों को मिलने का...
खो जाना चाहती हूँ तेरी याद में...
स्वच्छ आकाश में तुम्हारी यादों में खो जाना चाहती हूँ...
मिलना चाहती हूँ तुम्हें...

हृदय में बहुत संभाल कर रखा है तुम्हें...
मेरी साँसों को, तुम्हारी साँसों को...
एक साथ करना चाहती हूँ...
पिछली बार तुम्हारा अधूरा मिलना...
पूर्ण करना चाहती हूँ...
मिलना चाहती हूँ तुम्हें...!

याद

अच्युत उमर्जी
(पता :- पुणे, महाराष्ट्र)

याद तेरी आती है...
मन बेचैन कर देती है...
बेचैनी तड़पाती है...
याद तेरी आती है...

याद तेरी आती है...
क्यों सामने नहीं आती हो..
बेचैनी और बढ़ाती हो...
याद तेरी आती है...

याद तेरी आती है...
चेहरा दिखाती जा...
मन काबू में रहेगा...
याद तेरी आती है...

याद तेरी आती है...
अशांति मन में है...
मन को शांत करना जरूरी है...
याद तेरी आती है...

याद तेरी आती है...
रुठना तेरा जरुरी है...
झलक देखना जरूरी है...
याद तेरी आती है...

याद तेरी आती है...
तुम्हें अपना बनाना है...
सदा सामने तेरे बैठना है...
याद तेरी आती है...

याद तेरी आती है...!

मन की बात

अच्युत उमर्जी
(पता :- पुणे, महाराष्ट्र)

मन की बात...
मन में ही रह गई...
सरेआम नहीं बताना चाहते थे...
की...
कहीं बदनाम न हो जाओ तुम...
मन की बात...
मन में ही रह गई।।

मन की बात...
मन में ही रह गई...
कशमकश में थे हम...
कि...
कहें या न कहें...
खोना नहीं चाहते थे तुम्हें...
मन की बात...
मन में ही रह गई।।

मन की बात...
मन में ही रह गई...
काश!...
तुम मौन की भाषा समझ पाती...
काश!...
हम तुम्हें बता पाते...
मन की बात...
मन में ही रह गई।।

मन की बात...
मन में ही रह गई...
बता कर तुम्हें खोते...
खुशी होती बता पाए तुम्हें...
ऐसे भी तुम्हें खोया...
वैसे भी तुम्हें खोया...
बस!...
मन की बात...
मन में ही रह गई।।

ख़त्म करो जीमण का रिवाज

गणपत लाल उदय
(पता :- अजमेर,
राजस्थान)

ख़त्म करो अब युवा-पीढ़ी ये जीमण का रिवाज़,
अहम भूमिका है आपकी आज समस्त समाज।
बड़े लम्बे समय से चल रही ऐसी कुप्रथाएँ आज,
अंतर्मन के दीप जलाएँ दो जीवन को परवाज़।।

जगमग हो सबका ये आँगन बचाओ स्वाभिमान,
क़र्ज़ उठाकर लाते है मृत्यु-भोज का ये सामान।
हर दिन किसी न किसी का घर हो रहा है ख़राब,
बंद करो आधुनिक-आडंबर न उड़ो आसमान।।

चिंताजनक रूप ले रहे आज इस तरह के काज,
अनावश्यक खर्चा न करो बनो ऐसी ये आवाज़।
नुख्ता-पहरावणी शादी-सगाई दहेज साज बाज,
मिटाओ रूढ़िवादी परम्परा हर एक ये समाज।।

आज गरीब-गरीब रह रहा अमीर हो रहा अमीर,
सोना चांदी गगन छू रहा मजदूर हो रहा अधीर।
अब तो संभलो युवाओं कन्याकुमारी से कश्मीर,
देख रहे समझ रहे फिर क्यों बन रहे हो बधिर।।

महफ़ूज़ रखो यह सम्पदा जिसे पुरखों ने बनाया,
साधारण सा काम किया न ऋण लेकर गमाया।
मदद करो बहन-बेटी की यह वक्त ऐसा है आया,
दिखावें पर कोई न जाए कविता से समझाया।।

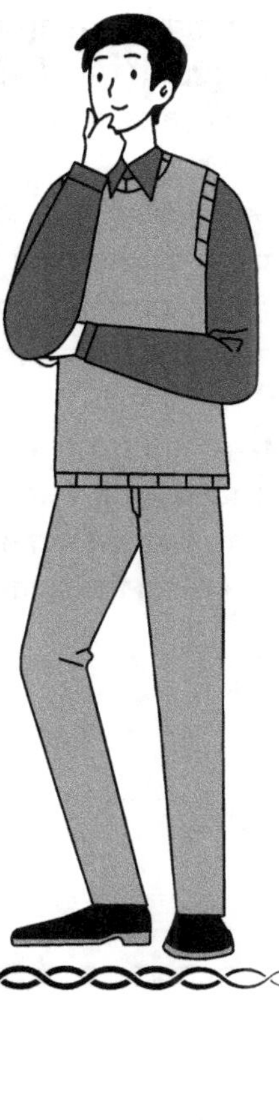

उम्रदराज लड़कियाँ बैठी घर कुंवारी

गणपत लाल उदय
(पता :- अजमेर, राजस्थान)

आज उम्रदराज वाली लड़कियाँ बैठी है घर कुंवारी,
सपनों को उड़ान देने खातिर भूल रही दुनियादारी।
नहीं करती कोई काम-काज हो रही शरीर से भारी,
आधी-उम्र गुजर गई लेकिन करती नौकरी तैयारी।।

माता-पिता भी कहते-रहते ये है हमारी राजदुलारी,
ऐसा वर तलाशकर लाऊँगा राज करेगी उम्र सारी।
नहीं रुकता चलता जाता है यह समय अपनी चाल,
आत्मनिर्भरता के चक्कर में न पालो ऐसी बिमारी।।

कई कारण है इस अड़चन में प्रथम कुंडली मिलान,
सर्व सम्पन्न है पूरा परिवार पर लड़के में नहीं ज्ञान।
है व्यवसायी सरकारी नौकरी पर बदन जैसे बेजान,
न नाक ठीक, न हाईट सही पर टीचर यह विज्ञान।।

जमीन अधिक पर कच्चे-घर शिक्षा का भी अभाव,
पढ़ी-लिखी बेटी शहरी है परन्तु वो छोटा सा गाँव।
कितना कमा लेते हो तुम एवम बैलेंस कितना बैंक,
चूल्हा-चौका ना करेगी यह हमारे आँगन की छाँव।।

रिसर्च बताता आयु सटीक है अधिक तीस ये प्यार,
लक्ष्यों को हासिल कर लेते विवाह पश्चात भी यार।
देखा, सुना और पढ़ा है मेंने बनों सब ये समझदार,
न कहलाता विवाह तीस के बाद समझौता है यार।।

अपने मन की आवाज़ सुनो

गणपत लाल उदय
(पता :- अजमेर,
राजस्थान)

मन की आवाज़ सुनने वाला ही बनता है ये विजेता,
चुनौती स्वीकार किए बिना कोई पाता न सफ़लता।
बेशक बदलाव हमारे लिए पीड़ा-दायक ही ये होता,
लेकिन वह पीड़ा हर इंसान को मजबूत है बनाता।।

निर्भीक आत्मविश्वास भी बनता है जीत का हिस्सा,
बिन शस्त्रों के लड़ाई लड़कर जीत हुई सुने किस्सा।
ये सपने और सोच, कर्म इंसान की बदल देते दिशा,
संघर्ष-साधना बन जाता है जीवन का यह हिस्सा।।

हर इंसान के मन मंदिर में रहती है ये अद्भुत आत्मा,
उसे जगाने के लिए करना पड़ता बुराई का खात्मा।
ज्ञानी होकर भी ज्ञान न दे तो उससे वे अज्ञानी सही,
हम सबका है वो एक ही मालिक जो है परमात्मा।।

आकृति प्रकृति एवम अलंकृति से मानव जन्म लेता,
पिछले, वर्तमान कर्मो के अनुरुप ही जीवन चलता।
सबसे बड़ा आभूषण है इस जीवन का यह सहजता,
शिक्षा है सर्व-शक्तिशाली अध्ययन से पता चलता।।

सुनो सबकी करो मन की यह बात बिल्कुल सटीक,
धन-बल एवं शरीर-ज्ञान से घमंड करना नही ठीक।
परिस्थिति चाहें कैसी हो कर्म को समझें ना फटीक,
मन में उम्मीद के दीप जलाएँ चलें होकर निर्भीक।।

सोरायसिस व एक्जिमा

गणपत लाल उदय
(पता :- अजमेर,
राजस्थान)

आधुनिक जीवन शैली में सब रखना अपना ध्यान,
इस खान-पान का है जिसमें सबसे बड़ा योगदान।
बनाकर रहना संतुलित भोजन से शरीर ऊर्जावान,
समय रहते ही संभल जाना है जिसका समाधान।।

सोरायसिस-एक्जिमा का आज बढ़ रहा है प्रकोप,
त्वचा रोग की बिमारी है जिसे बढ़ाता पितप्रकोप।
पपड़ीदार खुजलीदार लाल चकते इससे बन जाते,
बहुत तेजी से फैलता है ये करता शर्मिंदगी-खोप।।

इसके लिए अंदर बाहर से देह रखना है सब साफ़,
पर्याप्त पानी पीते रहना एवं न रहना प्रचण्ड ताप।
आमतौर पर तनाव-मानसिक चिंता देते इसे जन्म,
इसके लिए ध्यान प्राणायाम, हल्की धूप ले आप।।

कई-सारे कारणों के कारण हो जाती है ये बिमारी,
एल्कोहल-धूम्रपान तनाव, कब्ज़ से पेट रहें भारी।
अधिक तला भुना खाना जंक फूड और इंफेक्शन,
इम्यून सिस्टम गड़बड़ एवं ड्राई-स्किन रहें हमारी।।

बैंगन टमाटर, नमक, साबुन सोड़ा से इसमें बचना,
गाजर-गिलोय, मूंगदाल, लोकी-तोरी, हल्दी लेना।
लिख रहा हूँ मैं सोरायसिस-रुग्णता पर यह रचना,
आंतरिक-दवाईयाँ डॉक्टर्स की देखभाल में लेना।।

जगरगुंडा कुण्डेर बेंद्रे

गणपत लाल उदय
(पता :- अजमेर, राजस्थान)

अच्छे-अच्छो के छूट जाते है केवल नाम से पसीने,
नक्सलियो का गढ़ है ये जगरगुंडा कुण्डेर व बेदरे।
घना यह जंगल एवं जंगली जानवर चीते शेर पेंथरे,
हर कदम खतरा रहता है नक्सली रचते नये पेतरे।।

न सड़क है न बिजली ना स्कूल नेटवर्क अस्पताल,
रेंगते कीड़ो सी जिन्दगी ये जीते नक्सल की चाल।
झुग्गी झोपड़ी में रहते है यहां आदिवासी यह लोग,
कहते है जो उतार दे खड़े-खड़े जानवर की खाल।।

साउथ-बस्तर का हिंड़बा है इसी जगह का सरदार,
खाली न गया आजतक जिसका कोई भी ये वार।
मास्टरमाइंड कहलाता वह रखता अनेक हथियार,
ढ़ेर बटालियने बना रखी है जिनमे नक्सल हजार।।

कभी न आई इस जंगल में कोई फौज एवं पुलिस,
लेकिन आज कैम्प बना दिया यहां केंद्रीय पुलिस।
कई झेले है परेशानी व जगह-जगह लगाए अंबुश,
कोबरा डीआरजी ने साथ दिया हमेशा ही पुलिस।।

कर दिखाया एक सौ पैंसठ यूनिट ने ऐसा ये काम,
प्रवाह ना की अपने तन की दिन-रात सुबह-शाम।
कुछ दिनों में बना दिया कैम्प जहां कोई ना जाता,
नक्सलियों का धीमे-धीमे अब करेंगे काम तमाम।।

बिखर जाती हैं आशाएँ

रामेश्वर लाल महरड़ा 'सजग'
(पता :- सांभर लेक,
राजस्थान)

बिखर जाती है आशाएँ, जब बादलों की तरह।
तब असत्य सत्य को कुचल देता है हर तरह॥

ऐसे में फिर सत्य बोलने वाले मौन हो जाते हैं।
तब झूठ बोलने वालों का मनोबल बढ़ जाता है॥

अनैतिक कदाचार चरम पर पहुँच ही जाता है।
तभी नैतिक मर्यादा का पतन शुरू हो जाता है॥

तभी सज्जनता और सत्यता कहीं छुप जाती है।
हर जगह झूठें लोगों की आवाज शोर मचाती है॥

मानवता और इंसानियत पर दुष्टता हावी होती है।
सनातन, संस्कृति व नैतिकता मरणासन्न होती है॥

मानव जाति भी शोषण को सहन करने लगती है,
नफ़रत और धर्मांधता, इंसानियत को कुचलती है।

विमल भाव और सहज शक्ति मानव खो देता है,
नारी या निर्बल पर फिर अत्याचार करवट लेता है।

मानव स्नेह की प्रबल भावनाएँ खत्म हो जाती है,
आशाएँ निराशा में बदल कर अंधकार ले आती है।

हे मेरे प्यारे वतन

रामेश्वर लाल महरड़ा 'सजग'
(पता :- सांभर लेक,
राजस्थान)

हे मेरे प्यारे वतन, भारतीय तेरे पर है, कुर्बान।
तुम पर न्योछावर है, सदैव हमारा यह जीवन॥

तुम्हें दिया बाबा साहेब ने प्यारा सा संविधान।
हम भारतवासी करते हैं, इसका मान सम्मान॥

संविधान हमारा प्यारा है, देश का बढ़ाएँ मान।
भारतीयों का ख़्वाब हर नियम का हो सम्मान॥

ये नव युग के सोपानों का, हमारा देश महान।
मिट गई पुरानी परम्पराएँ ये गणतंत्र सुपावन॥

हे मेरे प्यारे वतन, तेरी गौरव-गरिमा है महान।
नई सदी में नए भारत की अनुपम है पहचान॥

जन-जन का निज जीवन-सूत्र है, यहाँ पावन।
शाश्वत सनातन संस्कृति पालन करता जीवन॥

नीति, न्याय, साहस और शांति का है गुणगान।
गणतंत्र दिवस पर वीरों का करते हैं गौरव गान॥

ज़िंदगी छोटी सी

रामेश्वर लाल महरड़ा 'सजग'
(पता :- सांभर लेक, राजस्थान)

हे मानव! जन की आँखों में क्यों धूल झोंक रहा है,
ये ज़िंदगी छोटी सी है, तुम्हारा जीवन अनमोल है।

तू फिर झूठ बोलकर, जन मानस को क्यों ठगता है,
एक दिन तेरी दौलत, सब यहाँ पर धरी रह जानी हैं।

तेरे ये साँसें तो एक दिन टूटकर के बिखर जानी हैं,
तब हे मानव! तेरे को केवल कफ़न नसीब होना है।

जीवन तेरा है अनमोल, तू पाखंड से लूटना छोड़ दे,
तू पाखंडी बनके इंसानियत को क्यों कुचल रहा है।

हे मानव! तुम धर्म-कर्म के रंग की चादर ओढ़े हो,
इस सनातन धर्म को, क्यों बर्बाद करने पर तुले हो।

सनातन धर्म को सनतान धर्म में पल्लवित होने दो,
छुआछूत, भेदभाव कर, क्यों सनातन को डूबने दो।

मानव इंसानियत का सम्मान क्यों नहीं करते हो,
धर्म को धर्म से लड़ा के क्यों विष घोलते रहते हो।

मानवता व इंसानियत को क्यों नहीं अपना रहे हो,
साम्प्रदायिकता में मानवता को तुम क्यों भूल रहे हो।

गणतंत्र बंधुता बढ़ाई

रामेश्वर लाल महरड़ा 'सजग'
(पता :- सांभर लेक, राजस्थान)

हम भारत के लोगों में, गणतंत्र ने, है बंधुता बढ़ाई,
प्यार, मोहब्बत और भाईचारे से भारत बना महान।
मोहब्बत से हमारे देश में बंधुत्व से खिले हैं सुमन।
गणतंत्र के गान से गूँज उठा है, मेरा भारत महान है॥

सभी भारतीयों का राष्ट्र के गणतंत्र से प्रफुल्लित हो मन।
हर दिल में समानता व सद्भावना से रहे जन जीवन॥
गणतंत्र दिवस को हर जन का हो आदर व सम्मान।
नर नारी गाए गणतंत्र के गीत, मंगल मय हो जीवन॥

हरी भरी धरा हमारी खिलते, वसुधा पर सदा प्रसून।
अधिकारों से जन के साकार हो, सभी सुनहरे स्वप्न॥
मातृभूमि पर मानव में खिलते रहेंगे मानवता के गुल।
कर्त्तव्य का हो पालन साम्प्रदायिकता से न हो दमन॥

आया गणतंत्र मानव की ज़िंदगी का सफर हो सरल।
सब भारतीयों के मन में खिलते रहे सुगंधित सुमन॥
भाईचारा और मोहब्बत की बयार में जी रहे हर जन।
शुभ हो गणतंत्र हमारा मंगल हो भारतीयों का जीवन।।

युग परिवर्तन की शुभ बेला में

रामेश्वर लाल महरड़ा 'सजग'
(पता :- सांभर लेक, राजस्थान)

युग परिवर्तन की शुभ बेला में, जो सोए हुए हैं,
जन जागरण करके, उन सबको हमें जगाना है।
प्रगति पथ पर चलने की, नव ज्योति जलानी है,
नये दौर के, नये ज़माने में, साथ-साथ बढ़ना है।

जब से मानव के तन-मन में अहंकार भरा है,
मानव प्यार और प्रेम को कहाँ समझ रहा है।
ना समझ होकर पाखंड के पीछे भाग रहा है,
वह मानवता और इंसानियत को भूल गया है।

अपने मन के भीतर देखो कितनी पावन धरा है,
वतन और गणतंत्र दिवस हमारा प्यारा-प्यारा है।
वैर भाव रखना कभी मज़हब नहीं सिखाता है,
सभी धर्मों का सम्मान करें तभी चमन महकता है।

युग परिवर्तन की बेला में जो सोये है जगाना है,
गणतंत्र दिवस उत्सव को धूमधाम से मनाना है।
स्नेह भाव से सद्भावना में हम सब को रहना है,
हमको को गंगा जमुना तहज़ीब को बचाना है।

सुमन का जन्मदिन

अमिताभ सिंह
(पता :- उत्तम नगर, दिल्ली)

हमारे शहर वाले घर में कुल मिलाकर सात सदस्य हैं। हम चार बहन-भाई, मम्मी-पापा और दादी जी को मिलाकर यहाँ कुल सात सदस्य है। दादा जी गाँव में चाचा और उनके परिवार के साथ रहते हैं। कभी कभी वह शहर हमारे पास रहने आते हैं, लेकिन वह कुछ ही दिनों में चले भी जाते हैं। वैसे दादी जी भी अपना बहुत समय गाँव में ही बिताती हैं। पर हमें तब अच्छा लगता है जब वह शहर हमारे घर पर होती हैं। हमें दादी से बहुत कुछ सीखने को मिलता है। इसलिए मैं हमेशा अपनी दादी के पास बैठना पसन्द करती हूँ। दादी भी मुझे अपने जमाने की किस्से कहानी सुनाया करती हैं। हम सबको उनके जमाने के किस्से सुनना बहुत अच्छा लगता है और दादी की कहानियाँ तो हम चारों बहन-भाई एक साथ मिलकर सुनते हैं। दादी जब भी गाँव से आती हैं तो कुछ न कुछ सामान लेकर आती हैं। पिछली बार दादी गाँव से गन्ने लेकर आई थी, गन्ने इतने सारे थे कि हमने आस-पास के घरों में भी बाँट दिए।

परिवार बड़ा है तो खर्चा भी ज्यादा है। इसी कारण हम चारों बहन-भाईयों की कभी कोई इच्छा पूरी नहीं होती। आज तक कभी किसी के जन्मदिन पर बाजार से केक तक नहीं आया। बस जिस दिन किसी का जन्मदिन हुआ, तो माँ ने घर में ही हलवा-पूरी बना दी। पहले भोग भगवान को लगा और फिर घर में सब ने खाया, बस मन गया जन्मदिन। भला जन्मदिन पर कोई हलवा पूरी खाता है? जन्मदिन वाले दिन तो केक काटा जाता है, तब मनता है जन्मदिन। इस बार मैं अपना जन्मदिन केवल और केवल केक से ही मनाऊँगी, नहीं तो मैं अपना जन्मदिन कभी नहीं मनाऊँगी। यह मैंने कसम खाई है।

यह बात मैंने अपने छोटे भाई ओर बहन को बताई तो वह भी खुशी से झूम उठे कि जब दीदी के जन्मदिन पर केक आएगा तो फिर हमारे जन्मदिन पर भी केक जरूर आएगा। पर यह होगा कैसे? मेरा जन्मदिन आने में तो अभी पूरे दस महीने हैं। इतने दिनों में तो मैं मम्मी-पापा को मना ही लूँगी। इस बार मुझे अपना जन्मदिन केक के साथ ही मनाना है।

कुछ दिन बाद मैंने माँ से इस बार मेरा जन्मदिन केक के साथ बनाने की बात कही। माँ ने पहले तो इस बार मेरा जन्मदिन मनाने से ही मना कर दिया। माँ ने कहा- "देख सुमन! हमारे जमाने में तेरी जितनी उम्र में लड़कियों की

शादी हो जाया करती थी, और तू अपना जन्मदिन मनाने की बात कर रही है। कुछ अक्ल है तुझे?" मैंने उत्तर दिया- "माँ! मुझे बस आखरी बार केक के साथ जन्मदिन मनाने दो। फिर मैं कभी जन्मदिन नहीं मनाऊँगी।"

माँ ने कहा- "अपने छोटे बहन-भाईयों को तो समझाने से रही, और अपना जन्मदिन मनाएगी?" मैंने कहा- "माँ! सिर्फ एक बार मनाने दो न।"

माँ ने पलटकर कहा- "तू इस जन्मदिन पर 18वें साल में लग जाएगी, कुछ पता है? तू इतनी बड़ी हो गई पर दिमाग अभी भी बच्चों वाला ही है। कब समझ आएगी तुझे?"

मैं जिद्द करते हुए बोली- "माँ! जैसे ही मैं 18वें साल में लग जाऊँगी मुझे तभी अक्ल आ जाएगी। बस आप केक से मेरा जन्मदिन मनवा दो।"

माँ ने समझाते हुए कहा- "देख सुमन! हमारे पास तो इतने पैसे हैं नहीं कि तेरा जन्मदिन केक के साथ मना सकें। और अगर तुझे तेरे 18वें जन्मदिन पर अक्ल आने ही वाली है तो इस बार मैं हलवा-पूरी के साथ खीर भी बना दूँगी तेरी अक्ल आने की खुशी में।"

मैं बोली- "नहीं माँ! मुझे अक्ल तभी आएगी जब मैं केक के साथ अपना जन्मदिन मनाऊँगी।"

माँ ने झिड़क कर कहा- "ऐसा है तो तू अपने पैसों से केक ले आ और मना ले अपना जन्मदिन।"

मैं रुआंसी होकर बोली- "माँ! मेरे पास पैसे कहाँ से आएँगे?"

माँ ने कहा- "क्यों, तुझे त्यौहार में शगुन के पैसे देते हैं न? वो तो तूने जमा करके ही रखे होंगे, उन पैसों से अपना जन्मदिन मना ले।"

मैंने डरते-डरते कहा- "माँ! वो तो मैं कुछ ही दिनों में खर्च कर देती हूँ।"

माँ ने कहा - "देख सुमन! तू अपने जन्मदिन पर केक ले आ और मना ले अपना जन्मदिन।"

मैं मन ही मन सोचने लगी कि अभी माँ को मनाना तो बहुत मुश्किल है। मैं इस बारे में किसी दिन पापा से ही बात करती हूँ। कुछ दिनों बाद मैंने पापा से पूछ ही लिया- "पापा! इस बार आप मेरे जन्मदिन पर केक लाना। मैं इस बार अपना जन्मदिन केक काट कर ही मनाऊँगी।"

पापा बोले- "सुमन! तुझे पता है कि तू कितने साल की हो गई? इतनी उम्र में तुझे केक के साथ जन्मदिन मनाना है? तेरी उम्र दूसरों को समझाने की है और मैं तुझे समझा रहा हूँ।"

इससे पहले पापा कुछ और कहते, मैं तो सर झुकाकर वहाँ से आ गई और सोचने लगी कि जन्मदिन तो केक के साथ ही मनाना है, पर यह होगा कैसे, कहाँ से आएँगे केक के लिए पैसे?

फिर मैंने कुछ समय बाद दादी से अपना जन्मदिन केक के साथ मनाने की बात कही। दादी ने कहा- "मुझसे क्या कह रही है, अपनी माँ से पूछ।"
मैंने दादी को बताया कि मम्मी-पापा ने तो पहले ही मना कर दिया है। माँ तो कहने लगी- "तुझे जो त्यौहारो में शगुन के पैसे मिलते है न? उनसे ले आ केक और मना ले अपना जन्मदिन।" मैंने दादी से कहा- "मेरे पास तो पैसे हैं नहीं, फिर कैसे मनेगा मेरा जन्मदिन?"
दादी ने कहा- "तू कुछ काम भी तो नहीं करती जो तेरे पास पैसे हों।"
मैंने दादी से पूछा- "मैं क्या काम कर सकती हूँ जो मेरे पास पैसे होते?"
दादी बोलीं- "तूने सिलाई-कढ़ाई सीखी होती तो घर पर ही कपड़े सीलकर पैसे कमा लेती और केक मंगाकर मना लेती जन्मदिन। तुझे तो कुछ नहीं आता। तू तो छोटे बच्चों को पढ़ा भी नहीं सकती जो कुछ पैसे आएँ तेरे पास।"

दादी ने मुझे बहुत समझाया, पर मुझे तो अपना जन्मदिन केक के साथ ही मनाना था, पर केक के लिए पैसे कहाँ से लाऊँ? दादी कह रही थी- "तुझे सिलाई-कढ़ाई भी तो नहीं आती, जो तू सिलाई-कढ़ाई कर के कुछ पैसे जोड़ लेती।" लेकिन मैंने तो कुछ सीखा ही नहीं, अब क्या करूँ, कहाँ से केक के लिए पैसे लाऊँ? हाँ! दादी ने एक बात और कही थी कि छोटे बच्चों को ट्यूशन पढ़ाकर भी तो पैसे जोड़ सकती हैं। पर मुझसे कौन ट्यूशन पढ़ेगा?

अगले दिन मैंने अपने छोटे बहन-भाईयों को घर के बाहर आँगन में पढ़ाना शुरू कर दिया। साथ ही पड़ोस के दो बच्चों को भी उनके साथ पढ़ाना शुरू कर दिया। मुझे इस काम के कोई पैसे तो मिलने वाले नहीं थे। पर शायद इससे मम्मी-पापा पर कोई असर हो जाए और वह मेरे जन्मदिन पर केक मँगा लें। खैर, अभी तो मेरा जन्मदिन आने में पूरे 10 महीने हैं, तब तक देखती हूँ क्या होता है ?

मैं रोज अपने घर के आँगन में अपने छोटे भाई-बहनों और पड़ोस के बच्चों को दो घंटे पढ़ाने लगी, ऐसा करते हुऐ मुझे दो महीने हो गए पर मम्मी-पापा पर कोई असर नहीं हुआ। फिर एक दिन पड़ोस की आंटी आई और मम्मी से पूछने लगी- "तेरी लड़की बच्चों को पढ़ाने के कितने पैसे लेती है? मुझे भी अपने दोनों बच्चों को ट्यूशन लगवाना है।" इस पर माँ ने कहा - "यह तो वही बताएगी कि कितने पैसे लेगी पढ़ाने के।" माँ ने मुझे आवाज लगाई - "सुमन! यह पड़ोस वाली तेरी आंटी पूछ रही है, इसके दोनों बच्चों को पढ़ाने के कितने पैसे लेगी?"

जब मैंने पैसे लेकर बच्चों को पढ़ाने की बात सुनी तो मेरी खुशी का कोई ठिकाना ही नहीं था। मैंने बच्चों की क्लास पूछी और दोनों बच्चों के 300 रूपये बता दिए। उन्होंने कल से अपने बच्चों को भेजने की बात कही।

अब वे बच्चे रोज पढ़ने आने लगे। धीरे-धीरे उन बच्चों की माँ ने भी मुझे पैसे देने शुरू कर दिए जो फ्री में पढ़ते थे। आँगन में अब सात बच्चे पढ़ने लगे। इतने बच्चों को एक साथ पढ़ता देख और भी बच्चे पढ़ने आने लगे। पहले तो मैं केवल एक ही समय बच्चों को पढ़ाया करती थी। पर जब बच्चे बहुत ज्यादा हो गए तो मैंने दिन में दो बार पढ़ाना शुरू कर दिया और पैसे तो मेरे पास अब बहुत आने लगे।

पाँच महीने बाद बच्चों को ट्यूशन पढ़ाने से दो हजार रूपए महीने की कमाई शुरू हो गई। मैं सोच रही थी कि अभी तो मेरा जन्मदिन आने में पाँच महीने और हैं तब तक तो मेरे पास तो बहुत सारे पैसे इकट्ठा हो जाएँगे।

फिर एक दिन दादी ने कहा - "हमारे जमाने में ऐसे ही लड़कियाँ अपनी शादी के पैसे इकठा कर लेती थी, जैसे आज तू बच्चों को पढ़ाकर कर रही है।"

अब मेरा जन्मदिन आने में केवल एक महीना ही रह गया था। मैंने दादी की कही हुई बात पर बहुत सोचा और घर के हालात को देखते हुए यह अनुभव किया कि मुझे इन पैसों को मम्मी को दे देना चाहिए, जिससे पापा पर घर के सारे खर्चे का बोझ न पड़े। जन्मदिन आने से पहले मैंने बच्चों को पढ़ाकर पूरे दस हजार रूपये इकठा कर लिए। फिर एक दिन दादी ने पूछा- "सुमन! अब तो तेरे पास बहुत सारे पैसे हो गए होंगे? अब तो तू अपना जन्मदिन केक काट कर ही मनाएगी? अच्छा बता, कितने पैसे इकट्ठा हो गए?"

मैंने कहा- "दादी! मैंने बच्चों को पढ़ाकर पूरे दस हजार रूपये जोड़ लिए हैं।"

दादी बोलीं- "दस हजार रूपये जोड़ लिए छोरी तूने? दस हजार तो कम नहीं होते, तू करेगी क्या इतने पैसों का?"

मैं बोली- "दादी! आपने कहा था न कि हमारे जमाने में लड़कियाँ अपनी शादी के पैसे खुद ही जोड़ लिया करती थी, तो मैंने भी अपनी शादी के लिए पैसे जोड़ना शुरू कर दिया है।"

दादी ने कहा- "अच्छा! अपने जन्मदिन पर केक तो जरूर मंगवाएगी न? तेरी बड़ी इच्छा है न इस बार अपना जन्मदिन केक काटकर मनाने की।"

मैंने कहा- "नहीं दादी! जन्मदिन तो छोटे बच्चों का मनाया जाता है। मैं तो इस जन्मदिन पर 18वें साल में लग जाऊँगी। मम्मी-पापा को मेरी शादी की चिंता होती है और मैं अपना जन्मदिन बनाऊँ?"

दादी बोलीं- "सुमन! तेरे में इतनी अक्ल कहाँ से आ गई? जो तू इतना सोचने लगी।"

मैंने कहा- "दादी! आपकी बात सुन कर। आपने कहा था न कि हमारे जमाने में तो लड़कियाँ अपनी शादी के पैसे खुद ही जोड़ लिया करती थी। बस मुझे भी लगा कि मेरे बाद छोटे भाई-बहन भी तो हैं, अगर सब मेरे बारे में ही सोचते

रहे तो उनका क्या होगा ?"

सुमन की यह बात सुनकर दादी भी सोच में पड़ गई। अभी कुछ समय पहले तो केक के लिए जिद कर रही थी और अब इतनी बड़ी-बड़ी बातें। लगता है अब सुमन को अक्ल आ ही गई।

सुमन को समझ तब आई जब उसने अपनी दादी की बातें सुनी। अगर घर में दादी-दादा हों तो बच्चे उनके अनुभव को समझते हैं।

"बस यही ताकत है एक संयुक्त परिवार की।"

माँ, मुझे फिर बचपन लौटा दो

विकास कुमार मंडल
(पता :- रामगढ़, दुमका, झारखंड)

मैं फिर वही बचपन में आना चाहता हूँ माँ,
मैं फिर से बचपन के उन्हीं पलों में खोना चाहता हूँ।
पकड़कर तेरी उँगलियों को, फिर से चलना चाहता हूँ माँ,
मैं फिर से वही बचपन में आना चाहता हूँ माँ।
फिर से लिपटकर तेरी गोद में, दुबकना चाहता हूँ माँ,
मैं फिर से आपके नरम हाथों से खाना चाहता हूँ माँ,
मैं फिर वही बचपन में आना चाहता हूँ माँ।
बैठकर तेरी गोद में, उन तारों को निहारना चाहता हूँ,
मैं फिर चंदा मामा को बुलाना चाहता हूँ माँ।
मैं फिर से बचपन के उन्हीं पलों में खोना चाहता हूँ,
मैं फिर से वही बचपन में आना चाहता हूँ माँ।
फिर से सुनकर डाँट आपकी, रोना चाहता हूँ माँ,
लिपटकर फिर आपसे, हँसना चाहता हूँ माँ,
मैं फिर वही-वही बचपन में आना चाहता हूँ माँ।
छिपकर घर के कोनों में, तुझे सताना चाहता हूँ माँ,
फिर मिलकर तुझको हँसाना चाहता हूँ मैं,
मैं फिर वही बचपन में आना चाहता हूँ माँ।
माँ देखो अंधकार मुझे डरा रहा है,
माँ देखो आज ये संसार मुझे रुला रहा है।
मैं फिर से तेरे आँचल में छिप जाना चाहता हूँ माँ,
मैं फिर से वही बचपन में आना चाहता हूँ।

मौन की पीड़ा

विकास कुमार मंडल
(पता :- रामगढ़, दुमका,
झारखंड)

तू कस्तूरी, दिल मेरा मृग,
ये काश! तुम समझ पाते।
हे प्रियतम तू
शिव मैं काशी,
काश! ये तुम समझ पाते।
मन की विरह व्यथा,
तुम कह के मुझे सुनाते हो।
मैं मौन रहती हूँ,
कह भी न सकती हूँ,
ये कहाँ तुम समझ पाते हो?
तुम कहते हो, दूर हो।
तुम कहते हो, निष्ठुर हो।
क्या मैं इसे स्वीकार करूँ,
या फिर विलाप कर,
मर्यादा को मैं भी पार करूँ—
नेह प्रियतम तू
शिव मैं काशी,काश!
ये तुम समझ पाते।

धर्म की आड़ में भूली मानवता

विकास कुमार मंडल
(पता :- रामगढ़, दुमका, झारखंड)

एक अदृश्य शक्ति की आड़ में,
ना जाने कैसी धर्म की हुंकार में,
तुम शंख बजाने चल पड़े।
मन में द्वेष की भावना लिए,
धर्म की आड़ में लड़ दिए।
सैकड़ों भवनों, दुकानों को
आग के हवाले कर दिए।
मानवता से बड़ी
न किसी अदृश्य शक्ति की
ज़रूरत पड़ती है।
जाने फिर किस भाव में
ऐसी युद्ध छेड़ दी जाती है।
अवरिल मन में
तुम प्रेम की जगह,
द्वेष और क्रोध क्यों भर लेते हो?
कभी राम, तो कभी रहीम—
कब तक तुम खेलोगे?
इन सब की आड़ में,
तुम कब तक
मानवता को भूलोगे?
मन की व्यथा
किसे सुनाऊँ,
किसे अपना, पराया बनाऊँ?
तहज़ीब गंगा-जमुनी की
लाज रहने दो।
अब न धर्म की आड़ में
दंगे होने दो।

नियति के वक्षस्थल पर लेटा मन

विकास कुमार मंडल
(पता :- रामगढ़, दुमका, झारखंड)

अनंत संवेदनाएँ भरी हुई हैं।
अनंत वेदनाएँ भरी हुई हैं।
यह मत पूछो कि मन खाली है,
अनंत यातनाएँ भरी हुई हैं।

हर पथ-पथ में पीड़ा है,
पग-पग में काँटे लगे हुए हैं।
यह मत पूछो मन खाली है,
अनंत यातनाएँ भरी हुई हैं।

तू कहती है धीर धरो,
पर समय की धारा
तो आगे बहती जा रही है,
न जाने आगे क्या होगा,
जो होना न हो, होती जा रही है।

आस लगी सुवसर आए,
और कुसमय की धुँध हट जाए।

मन भ्रमित, मन विचलित
मन की मौन व्यथा।
सुनाऊँ या न सुनाऊँ और को
अपनी मन की दारुण दशा।

तू कहता है धीर बनो
विशाल नागपति सा स्थित रहो।
आज न कल छँट जाएगी
दुःख की अंधेरी घटा।

पर अब संयम की शक्ति
क्षण-क्षण क्षीण हो रही है।
अब हृदय के वक्षस्थल पर
नियति लेट रही है।

क्या होगा सुख की अभिलाषा से,
क्या होगा कल की आशा से,
ये कल पर छोड़ देता हूँ।
समय की रथ पर बैठे
बस आगे चल देता हूँ।

है जो या हो जो
उसे अब स्वीकार है,
न कल की आशा है,
न अब कोई इंतज़ार है।

नज़रों का भेद

समीउल्लाह खान
(पता :- खम्मम्, तेलंगाना)

गुलाब खिलते हैं,
गुलाबी जाड़ों का समां है।
प्यार का इकरार होता है,
मोहब्बत का इज़हार होता है।
दिल की बातें लबों से नहीं कहीं जाती,
नज़रों के जुंबिश से बयां होती।
नज़र, नज़र से मिलाना कमाल है,
नज़र, नजर से उतारना भी कमाल है।
नज़र, नज़र से मिला कर तुम नज़र न लगाओ,
दुश्मन पर नज़र रखना भी कमाल है,
दोस्ती पर नज़र रखना भी कमाल है।
बुलंदियों पर नज़र रखना कमाल है
ज़िंदगी में बुलंदियों पर पहुँचना भी कमाल है
बुलंदियों पर नाम करना भी कमाल है।
नज़र से नज़र मिला कर हाले दिल का पता लगाना भी कमाल है।
नज़रों को झुकाए बैठना भी कमाल है,
झुकी नज़रों को उठा कर देखना भी कमाल है।
नज़रों को झुकाए तो तुम्हारा दुल्हन लगना भी कमाल है,
नज़रों को मिलायें तो तुम्हारा हसीन लगना भी कमाल है।
नज़रों से नज़रें मिलाने से तुम्हारा मेरा हमसफ़र बनना भी कमाल है।
एक दूजे से हम ज़िंदगी का सफर तय करना भी कमाल है।
नज़र के सामने जिगर को रखना भी कमाल है।

सुनहरे पलों का इंतज़ार

समीउल्लाह खान
(पता :- खम्मम्, तेलंगाना)

पछताने से कहीं
अच्छा है
कोशिश कर के
निराश न होना
असफलताओं पर!
अपने कमजोरियों पर
हिम्मत न हारना।
उम्मीदों से
अपने उड़ान
भरते रहना।
एक न एक दिन
तुम जरूर जीत का
परचम लहराओगे।
पता नहीं!
कोई मानसिक क्लेश है,
जो ज़िंदगी के सारी खुशियों
पर सवार हो रहा है।
मैं अब किसको ताना दूँ कि
इस मानसिक क्लेश की वजह है क्या?
ये तो मेरे ही अकेलेपन की आवाज़ है
जो मन ही मन मुझे खोखला कर रही है।
मेरे ऐसे अनमोल पलों को संभालने
कोई प्यारा हाथ मेरे हाथ को थमाये।
मैं तो इसी जानेवफा के इंतज़ार में
अपनी ज़िंदगी ज़िंदादिली से जी रहा हूँ।

आँसू और खामोशी

समीउल्लाह खान
(पता :- खम्मम्, तेलंगाना)

आँखों से आँसू झरते हैं तो लगते हैं हल्के।
मगर कितने दर्द को सहने से आँसुओं की झरी लग जाती है।
ख़ामोशी की आवाज़ आँसूओं में बह जाती है।
दर्द को झेलते हुए हम कितने दिन तक
अंदर से रोते रहेंगे ऊपर से मुस्कुराते रहेंगे।
ये खामोशियाँ कितने दिन तक सहते रहे!
ज़िंदगी में सुख दुःख आते ही रहते है बारी-बारी,
सुख-दुःख से, दुःख-सुख से बाँट लेना चाहिए।
तब कहीं सुख-दुःख के मधुर मिलन से
जीवन परिपूर्ण होता है।
हम ज़िंदगी के झमेलों में कभी खुशी,
कभी ग़म झेलते ही रहते हैं।
इन खामोशियों के पीछे कितने गहरे दर्द छिपे होंगे।
कुछ लोग अपने दर्द को बोलते भी नहीं सह लेते हैं।
कुछ तो अपने दोस्तों से बाँट लेते हैं।
कुछ आँसू तो अभिशप्त जीवन बिताने पर मजबूर करते हैं।
आँसू और खामोशियों का अटूट संबंध है।
कभी-कभी खामोश दिल टूट जाते हैं तो
लोग समझते हैं कि बेचारा जीते जी मर गया।

मन अकेला भीड़ में

समीउल्लाह खान
(पता :- खम्मम्, तेलंगाना)

मन अकेला
चल अकेला
ज़िंदगी के मेले में
मंज़िल के जानिब
तू अकेला ही चलते जा।
तेरे ज़िंदगी की मंज़िल
काँटों की सेज ही क्यों न हो,
तू डर मत ज़िंदगी के राह में
जितना दूर तुझे जाना है
मंज़िल के ओर चलते ही जा।
भीड़ वफादारों की हो चाहे,
बेवफाओं की हो भीड में तू अकेला ही
अपने मन के महफ़िल में मंज़िल की जानिब
सफर करते ही रह जा।
जब तक तेरी मंज़िल की तलाश पूरी न हो।
तू अपने नसीब को कोसते न फिर,
जब खुदा राजी होता है तो
दोनों जहां कदमों में डाल देता है।
ज़िंदगी के सफ़र में कई मोड़ आते हैं।
तू भी भीड़ का एक हिस्सा है
तू सच्चा है इसलिए कि तेरा मन अकेला है भीड़ में।
तू चल अकेला
तेरा मन अकेला भीड में
तेरा मन अकेला
तू मंज़िल के जानिब बढ़ अकेला।
तब तक तेरे सपने साकार न हो
हिम्मत मत हार ज़िंदगी की राह में
आगे बढ़ते ही जा मंज़िल के जानिब।

आशा

अनु भास्कर
(पता :- मुंगेली, छत्तीसगढ़)

आशा है तो हम हैं,
आशा से ही तो जीवन है।
आशा है तो खुशियाँ हैं,
आशा से ही तो सुंदर मन है।।

आशा है तो उज्ज्वल भविष्य है,
आशा से ही तो जिंदा जन है।
आशा है तो मंजिल है,
आशा से ही तो परिवार संपन्न है।।

आशा है तो सारी दुनिया जीवंत है,
आशा से ही तो सच्चा धन है।
आशा है तो निर्मल छाया है,
आशा से ही तो पलता सपन है।।

आशा है तो खुला आकाश है,
आशा से ही तो अमर रमन है।
आशा है तो जसन - ए - बहारा है,
आशा से ही बहती धार रहन है।।

आशा है तो खिली मुस्कान है,
आशा से ही तो हरा - भरा वन है।
आशा है तो मिला सुकून है,
आशा से तो सिंचित चमन है।।

आशाओं के पंख

अनु भास्कर
(पता :- मुंगेली, छत्तीसगढ़)

आशाओं के पंख लगा
के मैं उड़ जाती,
कहीं तो मिल जा
तू मेरे साथी।

सपनों के चमन से
खुशियाँ भर मैं लाती,
कहीं तो मिल जा
तू मेरे साथी।

गीत मिलन के
फिर से मैं गाती,
कहीं तो मिल जा
तू मेरे साथी।

हमेशा तू मुझे छू जाता
पवन की भांति,
कहीं तो मिल जा
तू मेरे साथी।

एहसास

अनु भास्कर
(पता :- मुंगेली, छत्तीसगढ़)

तू मेरी आशा ,
तू मेरा विश्वास ,
साथी तुम हो
मेरे लिए खास ,
हमेशा तुमसे मिलने
की रहती है प्यास।

तू मेरा उम्मीद ,
तू मेरा श्वास ,
साथी तुम हो मेरे
लिए आस - पास ,
हमेशा तुमसे मिलने
की रहती है प्यास।

तू मेरी जमी,
तू मेरा आकाश,
साथी तुम हो मेरे
लिए सुखद एहसास,
हमेशा तुमसे मिलने
की रहती है प्यास।

तू मेरी उन्नति ,
तू मेरा विकास ,
साथी तुम हो मेरे लिए
सकारात्मक सकास,
हमेशा तुमसे मिलने
की रहती है प्यास।

तू मेरा वक्त,
तू मेरा टाइम पास,
साथी तुम हो मेरे लिए
हर घड़ी गहरा आयास,
हमेशा तुमसे मिलने
की रहती है प्यास।

तू मेरा रवि,
तू मेरा छवि ,
तू मेरा फूल पलाश,
साथी तुम हो मेरे
लिए मेरा लिबास,
हमेशा तुमसे मिलने
की रहती है प्यास।

मेरा आकाश

अनु भास्कर
(पता :- मुंगेली, छत्तीसगढ़)

छोटी सी सबकी दुनिया है
लोगों की अपनी आशा,
एक दूसरे से बिछड़ जाते
देते सबको दिलासा।

छोटा सा दिल है
छोटी सी है आशा,
यही सिखाती
जीवन की परिभाषा।

छोटी सी बात है
बुलंदी छूने की है आशा,
बढ़ती ही जा रही है
मेरी जिज्ञासा।

छोटा सा जीवन है
कुछ कर गुजरने की है आशा,
मुझमें जिंदा है
मेरी अभिलाषा।

छोटी सी ख्वाहिश है
दूर गगन में उड़ने की है आशा,
पंख फैला के उड़ चली मैं
अपने सपनों को मैंने तरासा।

नववर्ष : नव चेतना का आत्मिक उजास

स्मृति अनुरागिनी
(पता :- जहानाबाद, बिहार)

नूतन वर्ष मंगलमय हो
नव चेतन मन उत्फुल्लित हो।
खिल उठें पुष्प सब नवल-नवल
धरती कर ले अनुपम श्रृंगार
जागृत हों मन के सुंदर भाव।

कुहासे की चादर जो ओढ़े छिपी है,
आए निकलकर अब सुनहरी धूप।
मानव-मानवता का हो सत्कार,
चहुंओर दिशाओं से गूंजे
नव वसंत का अभिनव राग।

पंछियों के कलरवों के श्रवण को न तरसें,
झंकृत हों सबों के हृदय के तार।
स्नेह की बाती जलाएं,
नववर्ष की है यही पुकार।
खामोशियों की तोड़ कारा,
नव कोंपलों में भर नया हुंकार।
अब न हो शांत कोई पुकार।

ओ नववर्ष ! हो सके तो
कर ही देना आत्मा का उद्धार।
है यही प्रार्थना इतनी हमारी,
भर ही देना सबों में,
सुख, शांति समृद्धि औ प्रेम का संचार।

एक टोकरी दीपक

स्मृति अनुरागिनी
(पता :- जहानाबाद, बिहार)

धनतेरस के दिन विद्यालय खुला हुआ था। विद्यालय में समय से पहुंचना खुद में अनुशासन और जिम्मेदारी का एहसास होता है। अक्टूबर का महीना वैसे तो हल्की ठंड महसूस कराने लगता है लेकिन उस दिन धूप अपनी उष्णता से पसीना ला रही थी।

मैं आम दिनों की तरह ही ऑटो से विद्यालय जा रही थी। आम दिनों की तरह ही ऑटो लोगों को उनके गंतव्य तक पहुंचाती हुई विद्यालय के रास्ते पर पहुँच गयी। मैंने ऑटो का किराया दिया और तेज कदमों से आगे बढ़ने लगी। अभी मैंने कुछ पग बढ़ाना शुरू ही किया था कि अचानक मेरी नज़र मेरे विद्यालय में आठवीं कक्षा में पढ़ने वाले बच्चे पर पड़ी। वह बच्चा संदीप था। वह सड़क के पायदान पर एक टोकरी में मिट्टी के दिए रखकर चुपचाप बैठा था।

आसपास चहल-पहल थी। ठेले वाले अपने-अपने ठेले के सामानों के साथ तैयार। दुकानें खुल चुकी थीं। साफ-सफाई भी जोरों पर थी। सड़क के किनारे फुटपाथों पर पटाखों की दुकान सजी हुई थीं। संदीप ने मुझे देखा तो उसकी नजरें झुक गईं। उसकी आँखों में डर और झिझक थी। मैं कुछ नहीं बोली और आगे बढ़ गई।

रास्ते में मैं सोचने लगी कि यह कैसी विडम्बना है, आज धनतेरस के दिन सरकार ने विद्यालय बंद इसलिए नहीं किया ताकि हमारे देश के सभी बच्चे आज के दिन भी शिक्षकों से शिक्षा ग्रहण कर सकें। लेकिन सरकार की सोच वास्तविकता से परे है। संदीप जैसे कितने बच्चे इस चिलचिलाती धूप में मिट्टी के दियों को बेचने में लगे हैं। संदीप की आँखों का डर यह बयां कर रहा था कि आज अगर उसकी हाजरी कट गई तो उसका भविष्य खतरे में पड़ जाएगा। अर्थात 75 प्रतिशत में एक दिन कम.....। सरकार को विद्यालय में छात्र-छात्राओं की कम उपस्थिति बर्दाश्त नहीं लेकिन ये नन्हे बच्चे जिनके हाथों में कलम और कॉपियाँ होनी चाहिए वे मजबूर हैं श्रमदान करने के लिए।

संदीप अगर मिट्टी के दिए बिक्री न करेगा तो उसके घर पर गणेश जी और लक्ष्मी जी का पूजन कैसे होगा? रोशनी तो दूर की बात है, पटाखे भी मिलना मुमकिन नहीं।

संदीप का झिझकना भी मुझे आहत कर रहा था। हाँ! वह बच्चा बहुत ही होनहार है। वह स्वयं में एक दीपक है। उसकी आँखों में मजबूरी की उदासी

थी। उसकी रोजी-रोटी का सहारा वही तो है। अगर आज उसकी कमाई न हुई तो दीपावली की खुशियों में वह शामिल कहाँ से हो पाएगा।

मैं बोझिल कदमों से विद्यालय पहुँच तो गयी, लेकिन मेरी आँखों में संदीप का उदास चेहरा था। मैं बार-बार यही सोच रही थी कि यथार्थ को देखने की शक्ति किसी के पास होती तो भविष्य के दीपक इस तरह से बुझने को मजबूर न होते।

एक टोकरी दीपक तो बिक ही जाएँगे मगर इन वर्तमान के दीपकों के स्वप्नों का क्या होगा ?

यादों की कसक

स्मृति अनुरागिनी
(पता :- जहानाबाद, बिहार)

कभी कोई किसी का कहाँ होता,
ये वर्ष , ये वक्त भी अपना नहीं होता।

हर वर्ष इक सदी सा लगता है,
कि दीवारों पर निशान मिल गया होता।

गुज़र गए लम्हे सभी अच्छे और बुरे...
उनकी यादों की कसक को लिख लिया होता।

सर्द मौसम तो गिला करेंगे ही,
नमी आँखों में हमने छुपा लिया होता।

बिंदास रहने की सज़ा मिल ही गई...
अपने अक्स को छुपा लिया होता।

मज़हबी आग पे फख्र है इतना क्यूँ ?
अपनी साँसों पे ऐतबार नहीं होता।

ऐ जाते हुए वर्ष! तुझसे यही सीखा,
नश्तर चुभें भी तो गिला नहीं होता।

गीली मिट्टी के घट

डॉ० रंजना गुप्ता
(पता :- पलवल, हरियाणा)

सब घट गीली मिट्टी से बने हैं,
हवा का एक तेज झोंका भी,
निशान छोड़ जाता है।
शब्दों की चोट भले सींक जैसी हो,
मगर घट का रूप बिगाड़ जाता है।
कहीं मार थोड़ी भारी हो,
तो घट झट टूट जाता है।
सब घट गीली मिट्टी से बने हैं।
सींकों की मार से ही मेरा घट बिगड़ा,
बिगड़े घट की रगड़ से तेरा भी घट बिगड़ा,
अब रूप तेरा देख क्यों रोते हैं,
क्यों उसी बयार से घाव गहरे होते हैं!

व्यंग्य कविता

डॉ० रंजना गुप्ता
(पता :- पलवल, हरियाणा)

हम कुशाग्र बुद्धि नहीं है तो क्या,
घमंड तो कर ही सकते हैं!
कुछ तो सफलता हासिल की है,
उस पर इतरा तो सकते ही हैं!
माँ-बाप और गुरु अब क्या है हमारे सामने,
उनको हम खड़े-खड़े जवाब दे सकते ही हैं!
अब वह क्या सिखाएँगे हमको,
उनको कुछ ज्ञान ही नहीं!
गुज़रे ज़माने के लोग हैं,
नई-नई बातों का भान ही नहीं!
ठीक है, उन्होंने खड़ा होना सिखाया,
पढ़ना-लिखना सिखाया,
ठीक से पाल भी दिया हमको,
तो इसमें क्या बड़ी बात है!
यह तो सभी करते हैं।
भाड़ में जाएँ वे,
अब हम उनसे नहीं डरते हैं!
सारे बुड्ढों को बहरा हो जाना चाहिए,
जमा-पूंजी बच्चों के सुपुर्द कर जाना चाहिए,
आखिर यह सब बच्चों के लिए ही तो है,
फिर मरने का इंतजार क्यों करना चाहिए।

ऋण देने वाले

डॉ० रंजना गुप्ता
(पता :- पलवल,
हरियाणा)

ऋण लेना आदत नहीं होती, मजबूरी होती है,
बुरा भी नहीं, सारी दुनिया देती और लेती है।

ऋण देने और लेने वाले व्यापारी होते हैं ,
सबके आगे हाथ पसारने वाले भिखारी होते हैं।

हाथ पसारना किसी के आगे, हमारी आदत नहीं ,
पर घमंड मत करना, वक्त का कुछ पता भी नहीं।

घर-घर खुले हैं प्राइवेट बैंक, काला धन छुपाते हैं।
अपनी महाजनी सेवाओं के बारे में खुद बताते हैं।

पहले सूद पर उधार देकर अपना धन बढ़ाते हैं,
फिर मौका मिलते ही अगले को नीचा दिखाते हैं।

बड़ा दिन

पूरब में गौतम, पश्चिम में यीशु आए,
हिंसा और नफरत से तप्त धरती पर,
प्रेम और करुणा का जल बरसाए-
'हर इंसान ईश्वर की संतान है'
'दुखियों से प्रेम कर, उन्हीं में भगवान है'।
यीशु का जन्म युग परिवर्तनकारी था,
उनका क्षमा और सेवा-भाव हृदयहारी था!
आज बड़ा दिन है क्योंकि दिल बड़ा हो जाता है,
बच्चे-बूढ़े सबके लिए प्रेम से भर जाता है।

डॉ० रंजना गुप्ता
(पता :- पलवल,
हरियाणा)

भगत सिंह : विचार, विद्रोह और विवेक का अमर संगम

कुमार सतीश
(पता :- हिसार, हरियाणा)

क्रांतिकारी परिवार में जन्म :-

शहीद-ए-आज़म भगत सिंह का जन्म ऐसे परिवार में हुआ, जहाँ उनके जन्म से पहले ही क्रांति की ज्वाला प्रज्वलित हो चुकी थी। उनके दादा अर्जुन सिंह राष्ट्रीय आंदोलन के सिपाही थे। वे सिख परंपरा के साथ-साथ आर्य समाज और संस्कृत के समर्थक भी थे। अर्जुन सिंह के तीनों पुत्र; किशन सिंह, अजीत सिंह और स्वर्ण सिंह; उन्हीं के मार्ग पर चलते हुए क्रांतिकारी बने। इनमें से स्वर्ण सिंह तो जेल यातनाओं के कारण युवावस्था में मात्र 23 वर्ष की आयु में ही देश पर बलिदान हो गए।

चाचा सरदार अजीत सिंह को सन् 1909 में भारत से निर्वासित कर दिया गया था और वे स्वतंत्रता से कुछ महीने पूर्व तक देश लौट नहीं सके। पिता सरदार किशन सिंह ने कांग्रेस कार्यकर्ता के रूप में कई बार जेल यात्राएँ कीं।

28 सितंबर 1907 को, जिस दिन भगत सिंह का जन्म हुआ, उसी दिन संयोगवश तीनों देशभक्त भाई सरदार किशन सिंह, सरदार अजीत सिंह और सरदार स्वर्ण सिंह, जेल से रिहा हुए थे। दादी जयकौर ने इस शुभ संयोग को देखते हुए उन्हें 'भागों वाला' मानकर उनका नाम 'भगत सिंह' रखा। भगत सिंह नौ भाई-बहनों में माता विद्यावती और पिता किशन सिंह की दूसरी संतान थे।

बालमन में क्रांति के बीज :-

उनके पिता के एक घनिष्ठ कांग्रेसी मित्र ने एक बार चार वर्षीय भगत सिंह को खेतों में कुछ बीज बोते देख उसका कारण जानना चाहा तो भगत सिंह ने उत्तर दिया था बंदूकें बो रहा हूँ ताकि बड़ा होकर देश को स्वतंत्र करा सकूँ।

जब "गदर पार्टी" ने पंजाब में विद्रोह की तैयारी प्रारंभ की, तब भगत सिंह की आयु मात्र सात वर्ष थी। किशन सिंह के घर अनेक देशभक्तों का आना-जाना लगा रहता था, जिनमें मेहता आनंद किशोर भी शामिल थे, जो 'प्रथम लाहौर षड्यंत्र केस' के अभियुक्त थे। इस मामले में मेहता तो साक्ष्यों के अभाव में बरी हो गए किंतु मात्र बीस वर्ष के युवा करतार सिंह सराभा को छह साथियों सहित फाँसी की सज़ा दी गई। आगे चलकर यही करतार सिंह सराभा भगत सिंह के आदर्श बने, जिनकी तस्वीर वे सदैव अपनी जेब में रखते थे।

दूसरी घटना 13 अप्रैल 1919 की है, जब अमृतसर में जलियाँवाला बाग का

भीषण नरसंहार हुआ। उस समय भगत सिंह गाँव में प्राथमिक शिक्षा पूरी कर डी०ए०वी० विद्यालय में आगे की पढ़ाई हेतु अपने पिता के पास नवांकोट (लाहौर) चले गए थे। इस घटना ने उनके बालमन को गहराई से झकझोर दिया। एक दिन वे स्कूल न जाकर सीधे जलियाँवाला बाग पहुँचे। देर से घर लौटने पर उन्होंने बताया कि वे वहाँ से शहीदों के रक्त से सनी मिट्टी शीशी में भरकर लाए हैं।

वतन ही महबूबा :-

डी०ए०वी० स्कूल से नौवीं कक्षा उत्तीर्ण करने के बाद उन्हें सीधे एफ०ए० में प्रवेश मिला। सोलह वर्ष की आयु में सन् 1923 में एफ०ए० की परीक्षा उत्तीर्ण करते ही उन्होंने बी०ए० में दाख़िला ले लिया। इसी समय परिवार की ओर से विवाह के लिए उन पर दबाव बनाया गया।

अपनी माँ को विवाह के संबंध में भगत सिंह ने कहा था कि अब तो मौत ही उनकी दुल्हन होगी।

यहीं से उनके जीवन ने निर्णायक मोड़ लिया। उन्होंने अपने पिता को एक तीखा और स्पष्ट पत्र लिखा कि उनका जीवन देश के लिए समर्पित है। इसके पश्चात वे गृहत्याग कर कानपुर चले गए, जहाँ उनकी भेंट संयुक्त प्रांत कांग्रेस अध्यक्ष तथा राष्ट्रवादी साप्ताहिक अखबार 'प्रताप' के संपादक गणेश शंकर विद्यार्थी से हुई। वहाँ से महीनों बाद इस आश्वासन पर घर लौटे कि उनकी शादी नहीं होगी।

कुशल संगठनकर्ता :-

कानपुर प्रवास के दौरान ही भगत सिंह उत्तर भारत की क्रांतिकारी संस्था 'हिंदुस्तान रिपब्लिकन एसोसिएशन' (एच०आर०ए०) से जुड़े, जिसका गठन 1924 में कानपुर में हुआ था। यहीं उनकी मुलाकात चंद्रशेखर आज़ाद, राजगुरु, रामप्रसाद बिस्मिल, अशफ़ाक़ उल्ला ख़ाँ, रोशन सिंह, राजेंद्र लाहिड़ी, योगेश चटर्जी और सुरेश भट्टाचार्य जैसे महान क्रांतिकारियों से हुई।

काकोरी कांड (1925) के पश्चात जब चार क्रांतिकारियों को फाँसी और सोलह को दीर्घकालीन कारावास की सज़ा मिली तथा संगठन बिखर गया, तब चंद्रशेखर आज़ाद और भगत सिंह ने इसे पुनर्जीवित कर 'हिंदुस्तान सोशलिस्ट रिपब्लिकन एसोसिएशन' (एच०एस०आर०ए०) नाम दिया।

भगवतीचरण वोहरा और यशपाल जैसे साथियों के साथ भगत सिंह ने 1926 में लाहौर में 'नौजवान भारत सभा' की स्थापना की, जिसका उद्देश्य क्रांतिकारी विचारों का प्रचार-प्रसार करना था। सामाजिक शोषण, दरिद्रता और असमानता के गहन अध्ययन के बाद इस संगठन ने राजनीतिक स्वतंत्रता के साथ-साथ आर्थिक स्वतंत्रता पर भी ज़ोर दिया।

उत्तर भारत के विभिन्न दलों समेत उन्होंने सम्पूर्ण भारत के क्रांतिकारी दलों को एक सूत्र में पिरोने का प्रयास भी किया जो सफल नहीं हो सका।

पिस्तौल और पुस्तक साथ-साथ :-

भगत सिंह को बचपन से ही अध्ययन में गहरी रुचि थी। प्राथमिक शिक्षा के दौरान ही उन्हें पुराने और नए समाचार-पत्र पढ़ने का शौक था। उनके साथी शिव वर्मा के शब्दों में, "मुझे एक भी अवसर याद नहीं पड़ता, जब मैंने उसके पास कोई न कोई पुस्तक न देखी हो।"

उनकी प्रिय पुस्तकों में 'क्राइ फ़ॉर जस्टिस', 'माय फाईट फॉर आयरिश फ्रीडम', 'हीरोज़ एण्ड हीरोइन्ज़ ऑफ रशिया', 'ईश्वर और राज्य', 'अराजकतावाद और अन्य निबंध', 'टेल ऑफ टू सिटीज', 'सेवन दैट वर हैंग्ड' थी। विक्टर ह्यूगो, टॉल्स्टॉय, दोस्तोयेव्स्की, गोर्की, बर्नार्ड शॉ और लेनिन आदि उनके प्रिय लेखक थे।

भगत सिंह पर दो क्रांतिकारियों, अमेरिकी क्रांतिकारी चे ग्वेरा व फ्रेंच क्रांतिकारी वेलियां का सबसे अधिक प्रभाव था।

लेखक और अनुवादक :-

उन्होंने बाकुनिन की 'ईश्वर और राज्य' से नास्तिकता की प्रेरणा ली। 'मदर' (गोर्की), 'नाइंटी थ्री', 'ला मिज़रेबल' (विक्टर ह्यूगो) सहित उनकी जेल नोटबुक में 43 लेखकों और 108 पुस्तकों के संदर्भ मिलते हैं।

अनुवाद कार्यों में, डॉन ब्रीन की 'माई फाइट फोर आईरिश फ्रीडम' का हिंदी अनुवाद तथा सचिन्द्रनाथ सान्याल की 'बंदी जीवन' का पंजाबी अनुवाद उल्लेखनीय है।

1928 में उनके लेख, सांप्रदायिक दंगे और उनका इलाज, धर्म और हमारा स्वतंत्रता संग्राम, अछूत समस्या आदि विशेष रूप से चर्चित हुए।

जेल में उन्होंने चार पुस्तकों की योजना बनाई, समाजवाद का आदर्श, आत्मकथा, भारत में क्रांतिकारी आंदोलन का इतिहास और मौत के द्वार पर।

निडर यथार्थवादी चिंतन :-

उन्होंने कहा था कि अध्ययन से उनके पुराने विचार और विश्वास परिष्कृत हुए। रहस्यवाद और अंधविश्वास का उनके जीवन में कोई स्थान नहीं रहा। अंत समय में वार्डर द्वारा 'वाहेगुरु' का नाम लेने का आग्रह करने पर उनका उत्तर था- "विचारों से मैं नास्तिक हूँ। अपने विचारों की स्वतंत्रता के कारण ही फाँसी पर चढ़ रहा हूँ।"

हँसमुख और संवेदनशील मित्र :-

भगत सिंह मित्रों के बीच हास्यप्रिय स्वभाव के लिए प्रसिद्ध थे। तंग परिस्थितियों में भी वे वातावरण को हल्का बना देते थे। जेल में भी उनका

व्यक्तित्व अन्य कैदियों से अधिक उजला और जीवंत था।

जब रामप्रसाद बिस्मिल की फाँसी की सूचना मिली, तब भगत सिंह गहरे शोक में डूब गए और पूरी रात मौन रहे।

अहिंसा के समर्थक :-

यद्यपि सांडर्स वध की योजना में उनका योगदान था, फिर भी उसके बाद वे कई दिनों तक मानसिक पीड़ा में रहे। दिल्ली असेंबली बमकांड के बाद उन्होंने स्पष्ट कहा- "मानवता से प्रेम करने में हम किसी से पीछे नहीं हैं। हमारा उद्देश्य हत्या नहीं, चेतना जगाना है।"

उन्होंने जानबूझकर खाली बेंचों पर बम फेंके ताकि कोई जनहानि न हो। उनका उद्देश्य केवल सरकार तक संदेश पहुँचाना था।

जातिगत समानता के पक्षधर :-

भगत सिंह अस्पृश्यता के घोर विरोधी थे। वह छुआछूत और जातिप्रथा को समाज की गंभीर बीमारी मानते थे। दलित और श्रमिकों को भगत सिंह 'असली सर्वहारा' कहते थे। सन् 1924 में उन्होंने 'अछूत समस्या' नाम से एक लेख लिखा। फांसी से पहले अपने अंतिम समय में भी भगत सिंह ने आखिरी इच्छा के रूप में जेल के दलित बोघा के हाथ का खाना खाया।

"लिख रहा हूं मैं अंजाम, जिसका कल आगाज आएगा।
मेरे लहू का हर एक कतरा, इंकलाब लाएगा।"
- भगत सिंह

इस प्रकार शहीद-ए-आज़म, अमर इंकलाबी भगत सिंह केवल एक क्रांतिकारी ही नहीं, बल्कि एक प्रखर चिंतक, संवेदनशील मानवतावादी और जागरूक समाज-सुधारक भी थे। उनका जीवन यह सिद्ध करता है कि सच्ची क्रांति केवल हथियार से नहीं, बल्कि विचारों से जन्म लेती है। उन्होंने अन्याय और शोषण के विरुद्ध संघर्ष को अपना जीवन-धर्म बनाया तथा व्यक्तिगत सुख, परिवार और भविष्य को राष्ट्र के लिए समर्पित कर दिया।

पतझड़ नहीं...

डॉ० आशा शरण
(पता :- खंडवा, मध्य प्रदेश)

पतझड़ नहीं, यह एक मौन उपनिषद है,
पत्तों के गिरने में ब्रह्म का संकेत छिपा है।
हरा जो था, वह माया का आवरण मात्र,
पीला पड़ना सत्य की ओर पहला कदम है।

जो चिपकता है, वह बंधन बन जाता है,
जो गिरता है, वही मुक्त होकर लौटता है।
पत्ता जब शाखा को त्यागता है,
तब समझता है—मैं कभी शाखा का नहीं था।

यह अनित्यता का सबसे निर्मम प्रमाण है,
कुछ भी अपना नहीं, सब उधार का ऋण है।
जो आज हरा है, कल पीला होगा,
फिर मिट्टी में मिलकर अदृश्य हो जाएगा।

पर इसी मिटने में अमरत्व का रहस्य है,
झड़ना नहीं, विलय है—परम तत्त्व में लीन होना।
जड़ें गहरी इसलिए होती जाती हैं,
क्योंकि ऊपर का बोझ निरंतर कम होता है।

पतझड़ विराग का नहीं, वैराग्य का स्कूल है,
जहाँ सिखाया जाता है—इच्छा ही दुःख की जड़।
खाली शाखाएँ आकाश को देखती हैं निष्काम,
तब आकाश उनके भीतर उतर आता है।

मृत्यु भी ऐसा ही एक अंतिम पतझड़ है,
शरीर झड़ेगा, नाम-रूप खो जाएगा।
पर जो पहले ही झड़ना सीख गया,
वह मृत्यु को नहीं, मुक्ति को प्राप्त होता है।

पतझड़ शून्य का नहीं, पूर्णता का दर्पण है,

खालीपन में ही अनंत की झलक मिलती है।
झड़ते पत्तों की आवाज़ सुनो ध्यान से—
वह कहते हैं: “हम कभी थे ही नहीं।”

इसलिए पतझड़ को शोक की ऋतु मत मानो,
यह जीवन का सबसे गहन दार्शनिक उत्सव है।
झड़ो जैसे पत्ता झड़ता है—बिना प्रतिरोध,
फिर मिट्टी बनो, फिर कोपल बनो, फिर ब्रह्म बनो।

पतझड़ में छिपा है अद्वैत का सूत्र,
अलगाव मिथ्या है, एकमेवाद्वितीयमेव सत्।
जो यह समझ लेता है पत्तों के गिरने में,
वही जीते जी जीवन्मुक्त हो जाता है।

अकेलापन...

डॉ० आशा शरण
(पता :- खंडवा, मध्य प्रदेश)

शहर की चमकती सड़कों पर
भीड़ में घिरी हूँ मैं, फिर भी अकेली,
हज़ारों कदम मेरे साथ चलते हैं
पर कोई नहीं जो मेरे दिल की धड़कन सुन ले।

रातें अब अनंत हो गई हैं
खामोशी में छिपी हैं चीखें मेरी,
दीवारें गूँजती हैं पुरानी बातों से
पर वो आवाज़ें अब सिर्फ़ मेरे अंदर कैद हैं।

यादें आती हैं जैसे बारिश की बूँदें
धीरे-धीरे भिगो देती हैं आँखें,
उस हँसी की गूँज, उस स्पर्श की गर्मी
अब सिर्फ़ एक ठंडी हवा बनकर रह गई है।

अकेलापन अब मेरी साँसों में बस गया है
हर धड़कन के साथ दर्द बनकर उभरता है,
वो चुपचाप आँसू पी जाता है रातों के
और सुबह तक मुझे और खोखला कर जाता है।

काश कोई हाथ मेरे हाथ में आ जाए
काश कोई नाम लेते हुए रोक ले मुझे,
इस गहरे अंधेरे समंदर में डूबते हुए
एक छोटी-सी किरण बनकर बचा ले मुझे।

पर शायद यही नियति है मेरी
अकेले रोना, अकेले हँसना याद करके,
और फिर भी टूटे दिल के टुकड़ों से
उम्मीद का एक आखिरी महल बनाना।

अकेलापन...
तू मेरे सबसे करीब है,
फिर भी सबसे दूर।

मन मिलन

राजेश श्रीवास्तव
(पता :- बंगलुरु, कर्नाटक)

चंद्रभान, हाँ! उसका नाम चंद्रभान ही था, शायद आज के हिसाब से थोड़ा पुराना था। लोग सोचें न सोचें पर उसकी सोच में, वह अपने नाम को ले कर थोड़ी हीन भावना का शिकार था। वह बिल्कुल युवा था, 26 वर्ष का और सोच भी उतनी ही सकारात्मक। हिन्दी के बोल हो या अँग्रेजी के, एक क्षेत्रीय लहजे की झलक मिलती थी उसकी बोली में। या यों कहें कि आंचलिक लहजे का सोंधापन अभी बाकी था।

माता-पिता अपने पुत्र के लिए, पिछले 2 सालों से एक योग्य कन्या की तलाश में थे। कई वैवाहिक विज्ञापन व मैट्रिमोनियल ऐप पर प्रयासरत थे। यद्यपि चंद्रभान बड़े शहर में नौकरी कर रहा था, पर अभिभावक को एक घरेलू और गृहकार्य दक्ष कन्या की तलाश थी। इसका अर्थ ये बिल्कुल नहीं था की बहू घर की चारदीवारी के अंदर ही रहे। वो तो चाहते थे कि उनकी होने वाली बहू किसी अच्छे पद पर कार्यरत हो उनके बेटे की ही तरह। पर अभी तक उनकी खोज सफल नहीं हो पायी थी। चंद्रभान का भी विचार अपने माता पिता से शत-प्रतिशत मेल खाता था। उसकी भावी पत्नी घरेलू व आधुनिकता का मेल हो। भारतीय परिधान भी पहने और आधुनिक परिधान भी। बीते समय में कई विवाह इच्छुक लड़कियों से मिलने का आयोजन कराया गया पर कभी लड़की अनुपयुक्त लगती और कभी चंद्रभान को नकार दिया जाता।

इसी क्रम में एक और लड़की से मिलने का प्रयोजन हुआ। नाम था उसका मोमी.. पूरा नाम था मधुमिता। पर उसने अपने नाम को आधुनिकता में लपेट कर मोमी बना दिया था। जैसा नाम वैसा ही परिधान भी। आते ही उसने कहा, "हाय, आइ एम मोमी, यू चन्द्र?"

अचानक से एक खूबसूरत लड़की को छोटे-छोटे कपड़ों में देखकर चंद्रभान थोड़ा सकपका गया। फिर अपने को सम्भाल कर बोला, "हैलो।" चंद्रभान को वो लड़की सुन्दर तो बहुत लग रही थी, पर परिधान को ले कर वो असहमत था। परिधान आधुनिक हो पर सभी तरफ से अंग प्रत्यंग बाहर झाँकने को उतारू हो, यह स्वीकर नहीं था।

फिर बातों का सिलसिला चल पड़ा.. अपने पसंद नापसंद की बातें होती रही। मोमी की कई बार हँसी निकल जाती थी चन्द्र के लहज़े और उच्चारण सुनकर।

कुछ ही देर में दोनों नतीजे पर पहुँच गए कि ये जोड़ी नहीं जम सकती। हालांकि दोनों हर तरह से एक दूसरे को पसंद कर रहे थे, पर लड़की ज्यादातर अंग्रेजी बोले जा रही थी और चंद्र की बोली आंचलिक हिन्दी अंग्रेजी की मिलावट थी। लड़के को लड़की का पहनावा स्वीकृत नहीं था और लड़की को लड़के की बात, विचार। पर एक बात दोनों ने स्वीकार की सद्भाव और आत्मीयता में दोनों एक से बढ़कर एक थे। दोनों ने जिन्दगी भर दोस्त रहने का फैसला किया, अपने मोबाइल नंबर हस्तांतरित किए और फिर अपने अपने रास्ते निकल पड़े।

फिर से अपने-अपने वरीयता के अनुसर जीवन साथी का चुनाव और उनके साथ मिलने का सिलसिला चलता रहा। धीरे-धीरे उनके चेहरे की चमक कम होने लगी और ललाट की रेखाएँ ज्यादा, पर कोई भी वरीयता के अनुसार जीवन साथी का चुनाव नहीं हो पा रहा था।

काफी अंतराल के बाद एक रेस्तराँ में इत्तेफाक़ से दोनों एक बार फिर मिले। गर्मजोशी से स्वागत हुआ और बातों का सिलसिला चल पड़ा। लगभग ढाई घण्टे बाद दोनों विदा होने को थे, तभी मोमी कुछ रुआंसी-सी हो गई। उसने छुपाने की काफी कोशिश की पर ज़ाहिर हो ही गया। और जब जाहिर हुआ तो आँसुओं का झरना अपने पूरे आवेग से बह निकला। उसने बताया कि उसको उसके पसंद का वर मिल गया, आनन-फानन में सगाई भी हो गई.. आयुष था उसके मंगेतर का नाम, दोनों आपस में मिलने लगे और एक-दूसरे को समझने लगे। कभी किसी पार्क में या फिर किसी रेस्तराँ में। इस दौरान कई नाजुक पल आए जब मोमी को बड़े ही असमंजस और अपमान का सामना करना पड़ा। आयुष अक़्सर ही कुछ अश्लील हरकत कर देता और मोमी के विरोध पर हिंसक भी हो जाता। कुछ ही दिनों में मोमी को ये रिश्ता बोझ लगने लगा। और अब जब चन्द्र की आत्मीयता प्राप्त हुई तो वो अपने आँसुओं का बाँध नहीं रोक पाई।

अब तक चन्द्र उसकी बातों को सुनता रहा, उसके चेहरे पर भी कुछ भावुकता के भाव उभरने लगे। न चाहते हुए भी उसने भी अपनी आप बीती सुना दी। उसकी भी बात सगाई तक पहुँच चुकी थी, पर उसकी भी मंगेतर को उसकी भावनाओं की कोई कदर नहीं थी। उसने बताया कि उसकी मंगेतर भी अपने पूरे प्रभुत्व के साथ उसका अपमान कर देती थी। कभी उसकी अंग्रेजी के उच्चारण को लेकर, कभी उसके पहनावा और कभी उसके माता-पिता के रहन-सहन, बात विचारों को ले कर। देहाती, गँवार, स्टुपिड, इडीएट इत्यादि संबोधन तो उसकी आम भाषा थी। बहुत सहने के बाद चन्द्र ने लोक लाज को तिलांजलि दी और रिश्ता तोड़ डाला।

दोनों एक दूसरे के आँसू पोंछते हुए इस नतीजे पर पहुँचें की दोनों में लाख असमानता हो पर वो एक दूसरे का और उनकी भावनाओं का सम्मान करते हैं। एक दूसरे का सम्मान ही तो प्रेम है और विवाह की पहली शर्त भी।

अब दोनों के व्याह में न मोमी के छोटे कपड़े बाधा थे, न चन्द्र के अंग्रेजी के उच्चारण।

पापा...

लक्ष्मीनारायण धिरहे
(पता :- हसौद, सक्ती, छ.ग.)

जब भी मैं अपने जीवन के सफ़र को पीछे मुड़कर देखता हूँ, तो हर मोड़ पर एक ही चेहरा दिखाई देता है,
मेरे पापा का।
मैं – पापा, मैं इंग्लिश मीडियम स्कूल में पढ़ना चाहता हूँ।
पापा – ठीक है बेटा, कल ही तुम्हारा एडमिशन करवा देंगे।
मैं – पापा, मैं कोचिंग भी करना चाहता हूँ।
पापा – क्यों सोच रहा है? कर ले... जितनी मेहनत करनी है कर, मैं साथ हूँ।
मैं – पापा, मैं बिलासपुर जाकर पढ़ना चाहता हूँ।
पापा – बहुत अच्छी बात है। जा, मन लगाकर पढ़ाई करना। घर की चिंता मत करना।
मैं – पापा, मेरा चयन दिल्ली विश्वविद्यालय में हो गया है। मैं दिल्ली जाना चाहता हूँ... लेकिन खर्चा...?
पापा – खर्चों की चिंता मत कर बेटा। तू बस दिल्ली जाने की तैयारी कर। पैसे मैं संभाल लूंगा।
मैं – पापा, किराया...?
पापा – अभी भेजता हूँ।
मैं – पापा, किताबें खरीदनी हैं।
पापा – ले ले बेटा, अभी पैसे भेजता हूँ।
मैं – पापा, एक महीने की छुट्टी है।
पापा – घर आ जा।
मैं – पर टिकट...?
पापा – टिकट की चिंता मत कर, मैं करवा दूँगा। और हाँ, खाने के लिए पैसे भी भेज दिए हैं।

छुट्टियाँ खत्म हो गईं।

मैं – पापा, अब वापस जाना है।
पापा – ठीक है बेटा, मैं पैसे का इंतज़ाम कर लूंगा।
पापा – ट्रेन के लिए लेट हो जाएगा जल्दी चल और ये कुछ पैसे रख ले। रास्ते में कुछ अच्छा खा लेना, अपना ध्यान रखना।
मैं – पापा, मैं दिल्ली पहुँच गया हूँ। थोड़ी देर में कमरे पर पहुँच जाऊँगा।

पापा – ठीक से पहुँचा न। कुछ पैसे ऑनलाइन भेज दिए हैं। और सुन, आज खाना मत बनाना, थक गया होगा। होटल में खा लेना। पैसे की बिल्कुल चिंता मत करना।

समय बीतता गया...

मैं – पापा, मेरा स्नातक पूरा हो गया। अब मैं दिल्ली में रहकर मास्टर्स करना चाहता हूँ। साथ में पार्ट टाइम जॉब भी कर लूंगा।

पापा – नहीं बेटा, अभी तेरा काम सिर्फ पढ़ाई है। पैसे की चिंता मत कर। तू बस मन लगाकर पढ़, बाकी सब मैं देख लूंगा।

एक दिन...

मैं – पापा, मेरा चयन लंदन के विश्वविद्यालय में हो गया है और स्कॉलरशिप भी मिल रही है।

पापा – सच? ये तो बहुत गर्व की बात है बेटा! अब मेरा बेटा विदेश जाएगा।

मैं – लेकिन पापा... स्कॉलरशिप के बाद भी पाँच लाख रुपये लग सकते हैं...

पापा – चिंता मत कर। तू बस तैयारी कर। मेरा बेटा विदेश जरूर जाएगा।

मैं – पापा, मैं लंदन पहुँच गया।

पापा – सब ठीक है ना? आराम से पहुँच गया? एक लाख रुपये भेज दिए हैं, किराया दे देना।

मैं – पापा, इतने पैसे कहाँ से आए...?

पापा – किसी से उधार लिए हैं। तू बस पढ़ाई पर ध्यान दे।

ये मेरे पापा हैं। उन्होंने कभी "नहीं" कहना सीखा ही नहीं। हर बार जब मैंने कोई सपना देखा, उन्होंने उसे अपना सपना बना लिया। मेरी हर इच्छा के पीछे उनका पसीना, उनकी अधूरी ज़रूरतें, उनकी टूटी हुई नींदें और अनगिनत त्याग छिपे हैं। शायद मैंने कभी नहीं देखा कि जब मैं फीस की बात करता था, तब उनके माथे की लकीरें थोड़ी और गहरी हो जाती थीं। जब मैं शहर जाने की बात करता था, तो वो अपने खर्चों को और छोटा कर लेते थे।

उन्होंने कभी यह नहीं कहा कि मेरे पास पैसे नहीं हैं। उन्होंने हमेशा कहा कि तू बस पढ़, बाकी मैं देख लूंगा। उन्होंने मेरे हर "मैं चाहता हूँ" को अपनी "मैं करूँगा" में बदल दिया।

मेरे पापा छोटे से किसान हैं। उनकी आमदनी इतनी ही है कि घर ठीक-ठाक चल सके, लेकिन अपनी इच्छाएँ और ज़रूरतें पूरी करने के लिए उनके पास कभी पर्याप्त पैसे नहीं रहे। फिर भी मेरे हर सपने को सच करने का साहस, हिम्मत और जज़्बा उनके पास हमेशा भरपूर है।

आज मेरा सबसे बड़ा सपना यही है कि जिस तरह उन्होंने मेरे हर सपने को पंख दिए, मैं भी एक दिन उनके सपनों को आसमान दूँ।

संघर्ष अभी जारी है...
रास्ता लंबा है...
लेकिन अब हर कदम सिर्फ मेरे लिए नहीं,
मेरे पापा के लिए है।
क्योंकि उन्होंने कभी हार नहीं मानी...
अब मेरी बारी है...

जीवन एक तपस्या

सुषमा सिंह "उर्मि"
(पता :- कानपुर, उत्तर प्रदेश)

दुनिया में कोई भी ऐसा नहीं होगा, जिसने सुख और दुःख का सामना न किया हो। जीवन में परेशानी और दुःख वेदना का सामना हर किसी को करना पड़ता है। जीवन भी एक तपस्या की तरह होता है, लेकिन हे मानव! तुम हौंसला रखना, कभी भी हताश मत होना और सच्चाई के बलबूते मेहनत से सदा जीवन में आगे बढ़ना। कोई भी ताकत तुम्हें आगे बढ़ने से नहीं रोक सकती, यदि तुम हिम्मत नहीं हारोगे। मानव का काम है- कर्म करना, तुम अपना कर्म करो। एक न एक दिन तुम्हें उसका परिणाम अवश्य मिलेगा, और जीवन पथ में तुम विजयी होगे। जैसे नदियाँ अंत में सागर से जाकर मिलती हैं; वैसे ही हर धर्म, मत और संप्रदायों की बहती धारा प्रभु रूपी सागर में समा जाती है। प्रभु तो हर जगह कण-कण में विराजमान हैं, बस मनुष्य का काम है कर्म करना और अपने जीवन के पथ में आगे बढ़ते ही जाना। एक दिन सफलता अवश्य मिलेगी - तुम्हारी अवश्य विजय होगी।

मात-पिता की प्यारी बेटियाँ

मात- पिता की प्यारी होती हैं बेटियाँ।
माँ की आँख का तारा, पिता की जान होती हैं बेटियाँ।।

सुषमा सिंह "उर्मि"
(पता :- कानपुर, उत्तर प्रदेश)

बेटियों को पढ़ा लिखा कर आगे बढ़ाओ।
जिससे देश का नाम बढ़ाएँ बेटियाँ।।

शिक्षा देकर बेटियों को ज्ञानी बनाओ।
मैत्रेई, गार्गी-सी विद्वान होती हैं बेटियाँ।।

बेटियों को साहस शक्ति का भंडार बनाओ।
दुर्गा, लक्ष्मी, रण में चंडी होती हैं बेटियाँ।।

जीवन पथ में सभी बेटियाँ खुश रहें।
परिवार का आशिर्वाद चाहती हैं बेटियाँ।।

बेटियों के चेहरे पर सदा मुस्कुराहट बनी रहे।
प्रेम, स्नेह और सम्मान चाहती हैं बेटियाँ।।

यादों की रेलगाड़ी: एक अमिट मुस्कान

विजय प्रताप कुशवाहा "संगम"
(पता :- कुशीनगर, उत्तर प्रदेश)

आज की तारीख कैलेंडर पर वही है, पर अहसास बदल गए हैं। खिड़की के बाहर शून्य में ताकते हुए मेरा मन स्मृतियों के उस गलियारे में भटक रहा है, जहाँ ठीक चार साल पहले मैंने और मेरी धर्मपत्नी जी ने खुशियों का एक मेला जिया था। वह प्रदर्शनी, जहाँ हम सिर्फ दर्शक नहीं थे, बल्कि दुनियादारी भुलाकर फिर से अबोध बच्चे बन गए थे।

प्रदर्शनी में कदम रखते ही रोशनी और शोर के बीच उनकी आँखें किसी छोटे बच्चे की तरह चमक उठी थीं। उन्होंने मेरा हाथ कसकर थामते हुए बड़े लाड़ से कहा था— "सुनिए! आज हम बड़े बनकर नहीं घूमेंगे।"

हमारी नज़र सबसे पहले उस छोटी सी 'टॉय ट्रेन' पर पड़ी। बच्चों की उस रेलगाड़ी में बैठने के लिए वह किसी जिद्दी बच्ची की तरह अड़ गईं।

मुझे आज भी याद है, कैसे हम नन्हे बच्चों के बीच सिमटकर उस छोटे से डिब्बे में बैठे थे। जब ट्रेन ने लंबी सीटी बजाई और अपनी धुन में चल पड़ी, तो उनकी खिलखिलाहट बच्चों के शोर को भी मात दे रही थी। वह बाहर खड़े बच्चों को हाथ हिला रही थीं, जैसे हम किसी लंबी और अलौकिक यात्रा पर निकले हों। वह सफ़र महज़ कुछ मीटर का था, पर उनकी उस बेसाख्ता खुशी ने उसे कई जन्मों का साथ बना दिया।

फिर बारी आई उस 'विशाल झूले' की। जैसे-जैसे हमारा केबिन ऊपर की ओर बढ़ रहा था और नीचे पूरा प्रदर्शनी दीयों की तरह जगमगाने लगा, उन्होंने डर के मारे मेरा हाथ ज़ोर से पकड़ लिया। पर जैसे ही झूला शिखर पर जाकर ठहरा, उन्होंने खिड़की के बाहर अनंत की ओर देखकर हौले से कहा— "देखिए! यहाँ से आसमान कितना करीब लगता है।" उस समय उनके चेहरे पर जो रूहानी सुकून और चमक थी, वह आज भी मेरी आँखों में एक तस्वीर की तरह जड़ गई है। वह झूला सिर्फ हवा में नहीं घूम रहा था, वह हमें उन ऊँचाइयों पर ले गया था जहाँ दुनिया का कोई गम, कोई बीमारी हमें छू नहीं सकती थी।

प्रदर्शनी के स्टॉल्स पर घूमते हुए उन्होंने जाने कितनी छोटी-मोटी चीज़ें खरीदी थीं। घर के लिए साजो-सामान, सजावट की वस्तुएं और ढेर सारा स्नेह। वह हर चीज़ को ऐसे चुन रही थीं, जैसे वह घर के कोने-कोने को अपनी यादों

से महका देना चाहती हों। हमने साथ मिलकर चाउमिंग खाए, काफी पिए, गुब्बारे व बहुत सारा सामान खरीदे और हर उस पल को जी भर के जिया जिसे लोग 'आम' कहते हैं, पर आज वह मेरे लिए ब्रह्मांड की सबसे 'खास' थाती है।

प्रदर्शनी से लौटते वक्त, रात की खामोशी में उन्होंने थके हुए लहजे पर असीम संतुष्टि के साथ अपना सिर मेरे कंधे पर टिका दिया था। उन्होंने बहुत धीमे से, जैसे खुद से कह रही हों, "आज जी भर के जी लिया मैंने, अब कोई मलाल नहीं।" तब मुझे कहाँ पता था कि 'जी भर के जीना' दरअसल इस संसार से विदाई की एक अनकही तैयारी थी।

आज चार साल बीत गए। सामान तो आज भी घर में सजे हैं, पर वो हाथ थामने वाली हमसफर अब उस ऊँचे झूले से भी पार, कहीं सितारों की दुनिया में विलीन हो गईं हैं। वह प्रदर्शनी अब हर साल लगती है, लोग भी वही जुटते हैं, पर मेरे जीवन के उस सबसे हसीन पल पर अब सन्नाटा पसरा है।

अब जब भी मैं उस मेले की जगह से गुजरता हूँ और उस बड़े झूले को ऊपर जाते देखता हूँ, तो पल भर के लिए ठिठक जाता हूँ। मुझे महसूस होता है कि शायद सबसे ऊँचे पायदान पर पहुँचकर वह आज भी मुझे देख रही होंगी। फर्क बस इतना है कि चार साल पहले उन्होंने डर के मारे मेरा हाथ थाम रखा था, और आज उन्होंने मेरा हाथ छोड़ दिया है— ताकि मैं अपनी बाकी यात्रा उनकी यादों के सहारे पूरी कर सकूँ। वह चली गईं, पर अपनी हँसी की गूँज मेरी रूह में हमेशा के लिए छोड़ गईं।

दर्द से दिल भर ना जाए कहिं

जयराम ज़ख्मी
(पता :- सहरसा, बिहार)

दर्द से दिल भर ना जाए कहिं,
ज़ख्म फिर से उभर ना जाए कहिं।

चैन मिलती नहीं है रातों को,
दिन की घड़ियां गुजर ना जाए कहिं।

आह छूपती नहीं छूपाने से,
बात दिल से निकल ना जाए कहिं।

"ज़ख्मी" चाहत अब रही ना कोई,
दिल से दिल भी, उतर ना जाए कहिं।।

मज़बूत इरादे

जयराम ज़ख्मी
(पता :- सहरसा, बिहार)

मजबूत इरादे हर मुश्किल को,
आसान बना देता है।
चीरकर छाती चट्टानों का ,
पथ निर्माण करा देता है।
अपने इरादे की जुनून को,
कभी गिरने मत देना ,
यही दशरथ मांझी सा,
पहचान बना देता है।
मजबूत इरादे हर लक्ष्य को,
निगेहबान बना देता है।
होसलौं की बुलंदियों को,
परवान चढ़ा देता है।
अपने इरादे की नींव को,
कभी हिलने मत देना,
ये बड़ी-बड़ी इमारतों को जर-जर,
मकान बना देता है।
मजबूत इरादे मिट्टी की ढ़ेर को,
चट्टान बना देता है।
उड़ती हुई धूल को ,
तूफान बना देता है।
अपने इरादे की आग को,
बुझने मत देना,
"ज़ख्मी" जिंदगी को यही,
वरदान बना देता है।।

नाटक

बिनोद कुमार सिंह
(पता :- गोपालगंज, बिहार)

"यमन बेटा! थोड़ा इधर आना।," यमन जैसे ही घर में दाखिल हुआ पिता जी की आवाज सुनकर बैठक में गया और उनके सामने वाले सोफे पर बैठ गया।

"तुमसे एक बात पूछनी थी बेटा!," उसके पिता जी मुस्कराए।

"जी! पूछिए," यमन मुस्कराया। "एक नहीं सौ पूछिए, मैं बिल्कुल खाली हूँ इस वक़्त।"

"मैंने सुना है तुमने एक नाटक कम्पनी ज्वाइन की है ?," एकाएक उसके पिता गंभीर हो गए।

"जी!," यमन की मुस्कराहट ने भी दम तोड़ दिया।

"बेटे! वर्तमान सरकार में मैं केंद्रीय मंत्री हूँ, देश से लेकर विदेश तक लोग मुझे जानते है, जब लोग सुनेंगे तो क्या कहेंगे, यही न कि मंत्री जी का इकलौता लड़का नाटक कम्पनी में काम करता है.?"

"पिता जी! नाटक कौन नहीं करता, हाँ! स्थान अलग-अलग हो सकते हैं, लेकिन करते तो सभी हैं, चाहे गरीब हो या अमीर, चोर हो या पुलिस वाला, गाँव का छोटा नेता हो या राजधानी का कोई मंत्री।," यमन बोला, "पिता जी! एक गरीब जब किसी के खिलाफ शिकायत लिखवाने थाने जाता है और थाने का मुंशी उसे डरा धमकाकर भगा देता है तब पता चलता है की नाटक कौन करता है? एक छोटे से मुकदमे में मुसलसल बीसों साल तक कचहरी के चक्कर लगाने के बाद भी जब फैसला नहीं आता तब पता चलता है की नाटक कौन करता है, कोई नेता जब चुनाव के समय गाँव में किसी गरीब के दरवाजे पर वोट माँगने जाता है, जब गरीब ललचाई नजरों से उस नेता जी की तरफ देखता है क्योंकि उसे वोट के बदले कुछ पैसे चाहिए, क्योंकि उसे मालूम है चुनाव के बाद नेता जी से मुलाकात नहीं होने वाली जो अभी मिल गया वही बहुत है और इधर नेता जी को भी मालूम ही है की जब वोट मैंने खरीदे ही है तो काम तो अपनी मर्जी से ही करूँगा, क्योंकि अगले चुनाव के लिए भी तो पैसे चाहिए, तो पिता जी अब आप ही बताइये की नाटक कौन करता है ?"

यमन के पिता निरुतर हो गए।

यमन धीरे से उठा और कमरे से बाहर निकल गया।

आदमी

बिनोद कुमार सिंह
(पता :- गोपालगंज, बिहार)

वह एक छोटा-सा लेखक था। पत्र-पत्रिकाओं में छोटी-छोटी कहानियाँ लिखकर और एक छोटी-सी किराने की दुकान चलाकर अपने और अपने परिवार का बहुत ही मुश्किल से दाल रोटी का इंतजाम कर पाता था।

एक दिन उसके शहर में उसके मुल्क का सबसे ईमानदार व्यक्ति आया, बहुत से लोंगो के साथ वह भी देखने गया, वह लेखक उस व्यक्ति के व्यक्तित्व से बहुत प्रभावित हुआ और उसके ऊपर उसने एक छोटी-सी बहुत ही सुन्दर कहानी लिखी, कहानी जैसे ही प्रकाशित होकर आम जन के पास पहुँची तो लोंगो ने उस कहानी को बहुत पसंद किया।

अब वह अपने मुल्क के सबसे बेईमान व्यक्ति के ऊपर एक कहानी लिखना चाहता था, किन्तु उसे उस बेईमान व्यक्ति से कहानी लिखने से पहले मिलना भी जरूरी था, इसीलिए एक दिन वह उस व्यक्ति की खोज में घर से निकल गया।

काफ़ी दिनों तक शहर-शहर, गाँव-गाँव भटकने के बाद भी उसे अपने मुल्क का सबसे बेईमान व्यक्ति नहीं मिला तो थक हारकर एक दिन वह अपने घर आया और कहानी लिखने का विचार त्याग दिया।

अभी कुछ ही दिन गुजरे थे कि उसे पता चला कि उसके मुल्क का सबसे बेईमान व्यक्ति उसी के शहर में आया हुआ है, बहुत से लोगों के साथ वह भी उस व्यक्ति को देखने गया, किन्तु जैसे ही उस व्यक्ति से उसकी मुलाकात हुई तो उस लेखक का सिर चकराने लगा, पैरों के नीचे से जमीन खिसकती हुई महसूस होने लगी, क्योंकि उसके सामने वहीं व्यक्ति खड़ा था जिसकी कुछ दिन पहले उसने ईमानदारी की कहानी लिखी थी।

पुस्तकों का खजाना

रेशमा शर्मा
(पता :- उदयपुर, राजस्थान)

धन -दौलत न तुमको सोने-चाँदी का आगार मिलेगा।
मेरे कमरे से तुमको कविताओं का अंबार मिलेगा।।

ज़्यादातर लोगों को लगतीं जो बिल्कुल बेमानी सी।
ऐसी कई किताबों का तुमको अनुपम भंडार मिलेगा।।

ऐसी बातें लिखी मिलेंगी बिखरी बेतरतीब कहीं।
जिनका तुमको कोई भी कुछ आर कहीं न पार मिलेगा।।

मेरी रचनाएँ की पढ़ने की ज़हमत अगर उठाओगे।
उनमें तुमको अर्थ नया, सच कहता हूँ, हर बार मिलेगा।।

जिसमे कोई नहीं दूसरा, केवल मैं ही रहता था।
ऐसा तुमको एकाकी कवि का अद्भुत संसार मिलेगा।।

कहीं किसी भी रचना में नफरत का रंग नहीं पाओगे।
शब्द शब्द में तुमको केवल निश्छल निर्मल प्यार मिलेगा।।

इस पागल प्रेमी की भाषा अगर समझ तुम पाओगे।
तो आसां शब्दों में तुमको इस जीवन का सार मिलेगा।।

फूंक आओगे तुम मरघट में मेरा यह आकार कभी।
जिसमें सारा जगत समाहित मुझको वो आकार मिलेगा।।

मैंने मुक्ति नहीं चाही, बस प्रेम भरा कवि-मन माँगा।
मुझको प्रेम भरा कवि-जीवन एक नहीं सौ बार मिलेगा।।

अक्स

रेशमा शर्मा
(पता :- उदयपुर, राजस्थान)

जिसको दौलत का नशा हो जाएगा।
बस वो अपनों से जुदा हो जाएगा।।

ख़्वाहिशों का बुलबुला हो जाएगा।
छू के देखोगे हवा हो जाएगा।।

दिल का मौसम गर हुआ अच्छा तो फिर।
सारा आलम ख़ुशनुमा हो जाएगा।।

ज़िंदगी महसूस होगी ज़िंदगी।
हमसफ़र जब हमनवा हो जाएगा।।

रूह उस पल छोड़ देगी ज़िस्म जब।
क़र्ज़ साँसों का अदा हो जाएगा।।

क्या भला मरहम लगाएँ घाव पर।
दर्द ही इक दिन दवा हो जाएगा।।

इश्क़ है होता पुराना ये नहीं।
हर गुज़रते दिन नया हो जाएगा।।

दरिंदगी के साए में बेटियाँ

गौतम कुमार कुशवाहा
(पता :- मुंगेर, बिहार)

बेटियों के राहों में, जो बिछा रहे हैं शूल।
कर गुनाह कहते दरिंदे, हो गई हमसे भूल।।
अब हवस के दरिंदों को,
ऐसा तगड़ा झटका दो।
कृपाणों से काट गले को,
चौराहे पर लटका दो।।
रूह भी न सिहरी थी इनकी, ऐसा घृणित काम से।
तनिक डर लगता न इनको, प्रशासन के नाम से।।
हवस के ऐसे पुजारी का,
तिनका-तिनका नाश करो।
ऐ! संसद तुम चुप बैठे हो,
कठोर कानून पास करो।।
कुछ भेड़ियों ने धूमिल किया, एक बेटी की अस्मिता को।
कब तक न्याय मिलेगा, दरिंदगी की शिकार पीड़िता को।।

हम में है दम, हारेंगे नहीं हम

गौतम कुमार कुशवाहा
(पता :- मुंगेर, बिहार)

आत्मबल बढ़ाएँगे, न रहेगा आँखों के आगे तम।
हौसलों को बुलंद करें, न खुद को आँके कम।।
धीरे - धीरे कदम बढ़ाकर,
मंजिल की ओर हमें बढ़ना है।
लाखों बाधाएँ आएगी मार्ग में,
उन बाधाओं से हमें लड़ना है।।
घबराकर मुसीबतों से, हम अपनी आँखों को करें न नम।
हौसलों को बुलंद रखें, न खुद को आँके कम।।
बाधाओं को तोड़ ही देंगें ,
अंतिम साँसों तक लड़ेंगें।
धीरे धीरे ही सही , पर
मंजिल की ओर बढ़ेंगें।।
प्रतिस्पर्धा के दौर में, न कोई किसी से है कम।
जब तक हम में है दम, हारेंगें नहीं हम।।

ब्रह्मांड

अभिनव शिवम
(पता :- पलवल, हरियाणा)

ब्रह्मांड के विषय में अभी भी बहुत सी कल्पनाएँ, परिकल्पनाएँ की जा रही हैं। ब्रह्मांड हमारे लिए अनंत है, असीम है, असंख्य तारों, सितारों, ग्रहों, उपग्रहों, नक्षत्रों से भरा हुआ। उन ग्रहों और नक्षत्रों पर फिर अलग-अलग अन्य रचनाएँ हैं जैसे - अपनी धरती पर विभिन्न प्रकार के जीव, यथा- पेड़-पौधे, जलीय जंतु, स्थलीय जंतु, मनुष्य, पक्षी, और विभिन्न प्रकार के सूक्ष्म जीव आदि हैं।

वैज्ञानिकों का दावा है कि ब्रह्मांड का निरंतर विस्तार हो रहा है। हमारा धर्म और दर्शन कहता है कि परम ब्रह्म के भीतर ही समग्र ब्रह्मांड समाया है। संभवतः ब्रह्मांड ही ईश्वर का शरीर है जो अभी बाल रूप में है। अतः उसका शरीर बड़ा हो रहा है। ये सारे ग्रह-नक्षत्र उसके शरीर के अंग हैं और उन ग्रहों-नक्षत्रों पर जो विभिन्न प्रकार के जीव-जंतु हैं, वे सब उसकी कोशिकाएँ हैं। जैसे हमारे शरीर की कोशिकाओं में निरंतर परिवर्तन होता रहता है, कोई कोशिका जन्म लेती है, बढ़ती है, विकसित होती है, फिर अपना काम करके वह नष्ट हो जाती है। फिर नयी कोशिका बनती है, फिर बढ़ती हैं। यह क्रम चलता ही रहता है। इसी प्रकार हमारे जीवन का भी चक्र है। हम जन्म लेते हैं, बढ़ते हैं, अपना काम करते हैं और फिर नष्ट हो जाते हैं।

कहने का तात्पर्य यह है कि ब्रह्मांड अर्थात् परम ब्रह्म अथवा बाल रूप ईश्वर भी निरंतर बढ़ रहा है, विस्तार कर रहा है। ये सारे ग्रह-नक्षत्र, उस परम ब्रह्म के अंग हैं, तथा उन अंगों के ऊतक और कोशिकाएँ हैं- हम सब जीव-जंतु, पेड़-पौधे, नदियाँ, पहाड़ आदि। जैसे हमारे शरीर में विभिन्न अंगों में विभिन्न प्रकार की कोशिकाएँ पाई जाती हैं (यथा हड्डियों की कोशिका और तंत्रिका तंत्र की कोशिका, त्वचा की कोशिका आदि, एक-दूसरे से आकार-प्रकार में पूर्णतः भिन्न होती हैं।), उसी प्रकार ब्रह्मांड में भी विभिन्न प्रकार की कोशिकाएँ हैं, कोई बड़ी, कोई छोटी, कोई लंबी, कोई मोटी।

पूरे ब्रह्मांड में एक ही पैटर्न दिखाई देता है, बड़े से बड़े स्तर पर भी, और छोटे से छोटे, अथवा सूक्ष्म से सूक्ष्म स्तर पर भी। एक केंद्रक होता है और बहुत से अन्य पदार्थ उसका चक्कर लगाते रहते हैं, जैसे हमारे सौरमंडल में सूर्य के आसपास अनेक ग्रह चक्कर लगाते हैं। ग्रहों के आस-पास उनके उपग्रह चक्कर लगाते हैं। ग्रह-उपग्रह पर विद्यमान वायु निरंतर गतिशील है। जल भी

गतिशील है। पेड़-पौधे और जीव-जंतु सभी गतिशील हैं। यहाँ तक कि पहाड़ और पत्थर भी गतिशील अणु-परमाणुओं के समूह से बने हैं। उन परमाणुओं के भीतर भी उसी प्रकार एक केंद्रक है और उसके आसपास इलेक्ट्रॉन चक्कर लगाते हैं।

कुल मिलाकर पूरे ब्रह्मांड में, पूरी सृष्टि में पाँच ही तत्त्व और एक ही पैटर्न है। पृथ्वी (मिट्टी) अर्थात् मास, वायु अर्थात् एअर अथवा गैस, आकाश अर्थात् स्पेस, जल अर्थात् पानी या वाटर (H2O) और अग्नि अर्थात् हीट। ये पंच तत्त्व भी बड़े से बड़े स्तर और सूक्ष्म से सूक्ष्म स्तर पर विद्यमान हैं। एक कोशिका के भीतर भी स्पेस होता है, तभी केंद्रक के आसपास माइटोकांड्रिया आदि चक्कर लगा पाते हैं।

अंतरिक्ष में जाकर दूर से देखा जाए तो केवल पृथ्वी दिखती है। पृथ्वी पर विद्यमान 84 लाख प्रकार का जीवन कहीं नज़र नहीं आता और भी दूर से देखा जाए तो पृथ्वी भी नहीं दिखती है। केवल सूर्य ही दिखाई देता है (क्योंकि उसके पास अपना प्रकाश है, पृथ्वी आदि ग्रहों के पास नहीं)। और भी दूर से देखा जाए तो सूर्य भी विभिन्न तारों के प्रकाश में खो जाता है, केवल गैलेक्सी ही दिखाई देती है। कितना आश्चर्य होता है कि इतने बड़े ब्रह्मांड में, हमारा कितना छोटा अस्तित्व है! और यह अस्तित्व भी केवल कुछ वर्षों का। इस नश्वर लघु अस्तित्व को पाकर हम कितनी अकड़ में आ जाते हैं! कितना अहंकार! कितना लोभ! कितना मोह! आश्चर्य! महाआश्चर्य!!

मायका

अर्चना मिश्रा
(पता :- कानपुर, उत्तर प्रदेश)

आज बच्चे जब परदादी से कहानी सुनने बैठे तो बड़े भईया बोले- "चलो! हम सब भी अजिया से कहानी सुनते हैं, उनसे कहानी सुने जमाना हो गया।" मैं भी आई तो हर साल की भांति माँ, भाभी से बातें की। फिर हम सब भाई-बहन, अम्मा-बाबूजी के साथ बच्चों के बीच कहानी सुनने बैठ गए। 98 वर्ष की अजिया थोड़ी मान मनुहार के बाद कहानी सुनाने को राजी हो गई। तभी मेरी भतीजी ने कहा- "बड़ी अजिया! कोई सच्ची कहानी सुनाओ, जैसे अपने पापा-मम्मी की।"

अचानक अजिया सकपका गई। पिता जी भी सहम गए। पर तभी अजिया ने ठंडी आह भरकर यादों को कुरेदते हुए बोलना शुरू किया - "मैं दस बरस की थी। बहुत चंचल दौड़ती-खेलती, अपनी शैतानियों के कारण अम्मा से खूब डाँट खाती, पर बाबा की दुलारी अपने नौ भाई-बहनों में सबसे छोटी थी। माँ ने मुझे बताया- 'तू बड़ी जीजी के यहाँ जा रही है।' मेरे मना करने पर अम्मा ने मौसी बनने का लालच दिया, सो मैं जीजा संग जीजी के पास आ गई, फिर मुन्ना भी हो गया तो कुछ दिनों के बाद मैंने कहा- 'मुझे अम्मा की याद आ रही है मुझे जाना है।' तो जीजी बहाने से दुलार-प्यार से रोक लेती, सारा परिवार मुझ पर जान लुटाता था। ऐसे ही दिन, महीने और सालों में बदलने लगे। मैं 16 बरस की हो गई। मैं जीजी से नाराज़ रहने लगी। जीजा से भी लड़ती, पर दोनों खामोशी से मेरा गुस्सा सहते, जीजी कभी-कभी खूब रोती। फिर अपनी सास के कहने पर मेरी शादी अपने चचेरे देवर से कर दी। शादी के बाद मैंने जीजी से बोलना छोड़ दिया। जीजी अब बहुत बीमार रहने लगी। एक दिन तुम्हारे बाबूजी ने कहा- 'इतना गुस्सा ठीक नहीं, जा कर भाभी से मिल लो, बहुत याद करती है।' मैं जीजी की कोठरी में गई तो वो सूनी-सूनी आँखों से छत ताक रही थीं। मेरी आवाज सुनकर उठने की कोशिश करती कि इससे पहले मैंने उन्हें पकड़ लिया और कहा- 'जीजी आज आपको बताना पड़ेगा, मुझे माँ के पास क्यों नहीं भेजा, तुम्हें मेरी कसम, मेरा मरा मुँह देखो।' जीजी खींच कर मुझे गले लगाकर रोते-रोते बोलीं- 'नहीं पुन्नू! फिर कभी कसम मत देना, तू ही तो मेरा मायका है। तुझमें ही मैं अम्मा-बाबूजी सबको देखती हूँ। सुन! मैं आज सब बताऊँगी।' नाती होने की खबर सुनकर बाबूजी पियरी

का सामान लेकर बड़े भईया के साथ आए थे कि गाँव के किनारे ही उनके मित्र मिल गए और बोले - 'का हो शुकुल, बीस बिसवां के होइके भी बिटिया धकरन म बेही दिहौ। अरे! ई घरवांस के दुबे न आहि नीचुआ है।' बस बाबूजी चिल्ला कर बोले- 'धोखा, बिचौलिए ने हमें धोखा दिया।' तभी मेरे ससुर वहाँ पहुँच गए तो बाबूजी ने उनसे कहा- 'आज के बाद हमारे यहाँ से कोई भी इस गाँव में पैर नहीं रखेगा। कोई नाता रिश्ता नहीं हमारा तुमसे, दोनों बेटियों से कहना मायका भूल जाए।' और भईया से बैलगाड़ी मोड़ कर चलने को कहा। उसके बाद तेरे जीजा उनका क्षणिक गुस्सा मानकर इंतज़ार करते रहे। बता पुन्नू! मैं तुझ नादान को क्या समझाती, हम दोनों बहनें ताउम्र उस गुनाह की सज़ा भुगतते रहे जो हमनें किया ही नहीं। हम दोनों बहनें घंटों लिपट कर बिलखती रही। मुझे जीजी का दुख और मजबूरी उनकी उदासी सब समझ आ गई।"

तभी मेरी बड़ी बेटी जोर से सिसक पड़ी। हम सभी की आँखें अविरल बरस रही थी। भाभी ने रोते हुए पूछा- "अजिया! क्या कभी कोई नहीं आया वहाँ से।" अजिया ने बताया- "बाबूजी के न रहने पर बड़े भाई आए थे, पर पचास बरस बाद भाई को मैं पहचान ही नहीं पाई और जीजी तो मिलने की आस लिए दुनिया छोड़ चुकीं थी।" हम सभी निःशब्द अजिया के दर्द से भीग चुके थे।

अपने हिस्से का कर्ज

दयाराम साहू
(पता :- डौकाबांधा,
कबीरधाम, छ०ग०)

हाँ! मैं भी अपने हिस्से का कर्ज चुका रहा हूँ...
रोज सो उठकर अपनों के लिए काम पर जा रहा हूँ।
कभी बुद्धू, कभी बेवकूफ तो कभी कोल्हू का बैल कहला रहा हूँ।
हाँ! सच में...
मैं भी अपने हिस्से का कर्ज चुका रहा हूँ।
बहुत अहसान है मुझ पर मेरे माँ-बाप का,
नित सत्य कर्म में चल कर स्वेद बहा रहा हूँ,
पत्नी को दिए सात वचन के वो रस्में,
जिसे नित-नित मैं दोहरा रहा हूँ
भाई-बहन के उपहार के लिए कर्मभूमि को सजा रहा हूँ,
बच्चों के लाड़ प्यार की खातिर,
दो वक्त की रोटी कमा रहा हूँ,
हाँ! सच में...
मैं भी अपने हिस्से का कर्ज चुका रहा हूँ।
न जाने किस पाप का दुखड़ा भुगतते जा रहा हूँ,
कभी एक परेशानी तो कभी दूसरे,
परेशानी से टकरा रहा हूँ,
सब के खुशी के खातिर झूठा ही सही पर दिखावटी मुस्कुरा रहा हूँ,
भगवान जाने जो शारीरिक कष्ट है किस जन्म का कर्ज़ होगा,
बोझ इतना ज्यादा है कि मर-मर ढोए जा रहा हूँ।
मैं भी अपने हिस्से का कर्ज चुका रहा हूँ।

अंतर की उलझने

दयाराम साहू
(पता :- डौकाबांधा,
कबीरधाम, छ०ग०)

समस्या खुद से पैदा लेती है,
या हम उन्हें उगाते हैं,
विचारों के छोटे बीजों को
कभी-कभी हम ही जंगल बनाते हैं।
साँसें अपने आप चलती हैं
प्रकृति की ही ये थाती हैं,
पर चिंता की गिरह लगाएँ तो
हम ही इन्हें उलझाते हैं।
धड़कन तो स्वतः धड़कती है,
जीवन की मधुर पुकार लिए,
पर भय के बादल छा जाएँ
तो हम ही इसे डराते हैं।
सच है जीवन बहता रहता,
हम ही उसमें भँवर बनाते हैं,
शांत रहें तो सागर जैसा,
वरना लहरें हम उठाते हैं।

जागृति

वी० एन० वी० पद्मावती
(पता :- हैदराबाद, तेलंगाना)

जागृति की लौ जली, अंधेरा दूर भगाने,
सोई हुई चेतना को नई राह दिखाने।
आँखें खोलो, मन को प्रकाश से भरो,
कुरीतियों की बेड़ियाँ तोड़कर आगे बढ़ो।
हर ह्रदय में उठे सवाल,हर ओंठ बोले सच,
न्याय, करुणा, समानता–यही जीवन का पथ।
डर की छाया छोड़ो, साहस को अपनाओ,
ज्ञान की ज्योति लेकर जग को जगाओ।
नारी–पुरुष, गरीब–अमीर, सबका है सम्मान,
जागृति ही देती है मानवता को पहचान।
अज्ञान की नींद से अब जागने का समय है,
समाज को बदलने का यही शुभ क्रम है।
आओ मिलकर संकल्प करें, नई सोच जगाएँ,
भ्रष्टाचार, भेदभाव को जड़ से मिटाएँ।
शिक्षा बने हथियार, विवेक बने ढाल,
तभी तो उज्ज्वल होगा भारत का भाल।
हर बच्चे के सपने को पंख लगेंगे,
जब जागृति के गीत हर दिशा में गूँजेंगे।
आज नहीं तो कल, परिवर्तन आएगा,
जागा हुआ समाज ही इतिहास बनाएगा।

तेरी मस्त अदाओं में

संजय कुमार राव
(पता :- गोरखपुर,
उत्तर प्रदेश)

तेरी मस्त अदाओं में, महकी बहकी सी बात दिखी।
चंदा चमका तारे झलके, सुन्दर सी सौगात दिखी।

केश घनेरे लहराए तो, बादल छाए कजरारे।
गोरे मुखड़े की आभा से, भागे सारे अँधियारे।
नैन नशीले तिरछी नज़रें, प्यार भरी बरसात दिखी।
चंदा चमका तारे झलके, सुन्दर सी सौगात दिखी।

देखे सपने तेरे मैंने, चाहत का अम्बार दिखा।
आँखों में तेरी झांका तो, अपना ये संसार दिखा।
दिन में जब भी सोचा मैंने, वो सपनीली रात दिखी।
चंदा चमका तारे झलके, सुन्दर सी सौगात दिखी।

रतनारे होंठों से छलके, जैसे अमृत की बूँदें।
दिख जाती हो जाने कैसे, जब भी नैनों को मूँदें।
रति, मति, गति, विज्ञान सभी में सजनी तू निष्णात दिखी।
चंदा चमका तारे झलके, सुन्दर सी सौगात दिखी।

विदाई और अभिनंदन

स्व० प्रेमशीला विजय प्रताप
कुशवाहा "संगम"
(पता :- कुशीनगर, उत्तर प्रदेश)

बीत चला है एक और सफ़र,
यादों की गठरी बाँध चले।
वक़्त की इस बहती धारा में,
हम फिर अपनों के साथ चले।

कुछ खट्टे-मीठे अनुभव लेकर,
कुछ आँखों में नमी लिए।
पुराना साल अब मुड़कर देखे,
जो हमने हँसकर जी लिए।

खिड़की पर है दस्तक देखो,
एक नई किरण मुस्काती है।
पुरानी डायरी छोड़ के पीछे,
नई कलम अब आती है।

जो छूट गया वो याद रहेगा,
जो मिला उसे अपनाएँगे।
मिटा के शिकवे-गिले पुराने,
हम फिर नई डगर बनाएँगे।

स्वागत है नव वर्ष तुम्हारा,
नई उमंगें लेकर आओ।
ज़िंदगी की नीरस गलियों में,
खुशियों के कुछ फूल खिलाओ।

दुःख के बादल छंट जाएँ सब,
सुख का सूरज सिर पर लाओ।
हर घर में खुशी का मंगल गूँजे,
हर चेहरा पर वो नूर सजाओ।

अलविदा ऐ जाते साल तुझे,
तूने बहुत कुछ सिखाया है।
स्वागत है आते ऐ साल तुझे,
जो तू नई उम्मीदें लाया है।

चलो आज फिर से मिल बैठें,
खुशियों का त्यौहार मनाएँ।
बीतते साल को अलविदा कहें,
और नए साल से हाथ मिलाएँ।

प्रेरणादायक व्यक्तित्व और उनके योगदान

शिखा सक्सेना
(पता :- दिल्ली)

वे नाम नहीं, वे युग रचते हैं,
अंधेरों में जो दीपक बन जलते हैं।
स्वार्थ की सीमाओं से ऊपर उठकर,
जो समाज को नई दिशा देते हैं।

कभी कलम से क्रांति लिखी जाती है,
कभी कर्म से इतिहास बनता है।
कभी सत्य के पथ पर अडिग रहकर,
एक व्यक्ति पूरे राष्ट्र को जगाता है।

गांधी के सत्य में शक्ति दिखी,
नेताजी के साहस में स्वतंत्रता लिखी।
डॉ० कलाम के सपनों ने सिखाया भाई
कि साधारण भी असाधारण बन सकता है भाई।

वे गिरते नहीं, गिरकर उठते हैं,
संघर्ष को ही अपनी पहचान बनाते हैं।
स्वयं से पहले समाज को रखते हैं,
और सेवा में ही जीवन सार पाते हैं।

उनका योगदान पद से नहीं आँका जाता,
वह विचारों में, मूल्यों में बस जाता है।
पीढ़ियाँ गुजर जाती हैं, पर उनका संदेश,
समय के साथ और भी निखर जाता है।

आज हम भी यदि कुछ ठान लें,
अपने कर्तव्य से कभी न भागें।
तो प्रेरणा बन सकते हैं कल के लिए,
बस मानवता का हाथ न छोड़ें।

प्रेरणादायक व्यक्तित्व वही कहलाता है,
जो खुद जलकर दूसरों को राह दिखाता है।
उनका जीवन ही उनका योगदान है,
यही सच्ची सफलता, यही पहचान है।

आशाओं का आकाश

प्रीति चौरसिया गुप्ता
(पता :- भोपाल, मध्य प्रदेश)

आशाओं का आकाश,
यह सभी के लिए है ख़ास,
आशाओं से उम्मीद बंधी है,
फिर सपने देखने में किस बात की कमी है,
सपने देखना मत छोड़िए,
आशाओं का दामन हमेशा जोड़े रखिए,
खुली आँखों से देखे हुए सपने
हमेशा सफल दृष्टिकोण रखते हैं,
आप आसमान में उड़ पाओ ऐसे हौंसले देते हैं,
आशाओं का आकाश,
इसलिए होता है सबके लिए ख़ास।
इसलिए होता है सबके लिए ख़ास।।

आशा-सखी

बबीता माँधणा
(पता - शालीमार, हावड़ा,
पश्चिम बंगाल)

चमक-नेत्र में आशा भरती,
हृदय-पटल से तम को हरती।

अंतस में है छोटा-सा घर,
उसमें रहती सुख को चुनकर।

शत्रु निराशा बन कर आती,
मानव के दिल को दहलाती।

वार करे वह धोखा देती,
अपनों से भी बदला लेती।

मानव को करती बदहाल,
छीने सब कुछ जैसे काल।

पास इसे मत आने देना,
आशा-नौका हर-क्षण खेना।

समय-खरा है समझो गहना,
धैर्य-नदी बन बहते रहना।

जीवन है तो सारे अपने,
आशा करती पूरे सपने।

सखी बनी आशा जब आती,
गौरव-मोती देकर जाती।

आशाओं का आकाश

यामिनी झा
(पता :- खैरागढ़, छत्तीसगढ़)

माना जीवन है घना अंधेरा,
कहीं है रात तो कहीं सवेरा,
रात नहीं होता अंधियारा,
यह जीवन तो है सुख और दुख का मेला।
संघर्ष देखकर तुम निराश न होना,
यह याद रखना
रात नहीं होता अंधियारा,
हर निराशा में तुम आशा की किरण देखना,
हर रात नहीं होता अंधेरा।
यह बात तुम स्मरण रखना,
बहती निश्चल समय की धारा,
तुम कर्म पद पर बढ़ते जाओ,
तुम नया आकाश बनाओ।

पहले और अभी

सागर सापकोटा
(पता :- विश्वनाथ, असम)

घर की पुरानी कच्ची दीवार की तरह,
अब ढहने लगे मनुष्य भी।
चुना, मिट्टी से बना हुआ दीवार,
अब तो किसी के सामने टिक न पाया।
पहले पत्तों से भी मरहम हो जाता,
अब तो सूई भी फीकी पड़ने लगी।
पहले गाय, भैंस के दूध में भी ऊर्जा थी,
अब तो दूध के बाहर में भी पुर्जा है।
अब, कहाँ, क्या होगा कौन जाने?
चित्रगुप्त का हिसाब-किताब कैसे माने।
पहले पाप का डर छाया रहता था,
अब तो पाप खुद डरने लगा है।
किसे सच्चा कहें, किसे झूठा कहें,
संसार में किसके भरोसे निर्भर करे।
पत्थर को घसीट-घसीट के आग निकाली थी,
अब तो पत्थर भी आग में पिघलने लगा है।।

महत्वाकांक्षा

जया आर्य
(पता :- भोपाल, मध्य प्रदेश)

निर्मला बहुत बड़ी लेखिका बनना चाहती थी, पर दूसरों की नकल भी करती थी, बड़े-बड़े कार्यक्रमों में भी जाती थी, पर ऐसे में वह अपने घर को नज़रअंदाज कर रही थी। उसको कहानी के प्लॉट जो चाहिए थे। घर में पति बैठकर इंतजार कर रहे होते थे, बच्चे रोते थे पर उसे किसी की परवाह नहीं थी। उसे तो बड़ी लेखिका बनना था, बड़े-बड़े कार्यक्रमों में जाकर भाषण देना था। बच्चे बड़े आज्ञाकारी थे, अपने आप को संभाले हुए पिता को भी संभाल लेते थे, पर कब तक ? सबको सबसे कीमती चीज जो माँ दे सकती है अपने बच्चों को, अपने पति को, वह है अपना समय और अपना स्नेह।

ऐसे में बिटिया नेहा बीमार पड़ गई, उसको बिटिया को देखना ही पड़ा। मन ही मन खिजती थी कि मैं लिख नहीं पाती हूँ, लेखिका नहीं बन पा रही हूँ, पर धीरे से उसको समझ में आया कि घर में सबको मेरा समय चाहिए और माँ चाहिए और पत्नी चाहिए। उसने तीनों समय सुबह, दोपहर और रात का खाना बनाना शुरू किया। सबके साथ बैठने लगी, बातें करने लगी, उसे नई-नई कहानियाँ भी मिलने लगी, और उनके बीच वह प्रसन्न भी रहने लगी। नेहा भी ठीक हो गई, है न कमाल की बात !

उसके पतिदेव ने कहा- "तुम लिखती रहो और प्रसन्न रहो। मैं तुम्हारे साथ खड़ा हूँ। बच्चों की भी देखभाल करूंगा, हम साथ हैं न ?"

सुन्दर सपना

वीरेन्द्र सिंह 'निन्दानिया'
(पता :- सातरोड खुर्द,
हिसार, हरियाणा)

गर मानव को राष्ट्रों की परख हो जाये।
तो विश्व जनमत न्याय परक हो जाये।।
महादेश धौंस पट्टी जग में कर रहा।
हर छोटा देश आज उससे डर रहा।।
'मानव' तो मानवों का शोषण कर ही रहा।
'महा' राष्ट्र राष्ट्रों का आज शोषण कर रहा।।
जाने कब संसार सब भांति सम होगा ?
और मनुष्यता का बोलबाला सर्वत्र होगा ??
मानवता जब हुंकार भर देगी 'ममता' की।
अलख जग जाएगी तब जग में समता की।।
केवल तब ही दुनिया जीने योग्य होगी।
हर 'प्राणी' को जब हर खुशी प्राप्त होगी।।

पल-पल भाग रहा है जीवन

विशाल जैन "पवा"
(पता :- तालबेहट,
उत्तर प्रदेश)

पल-पल भाग रहा है जीवन, मानुष नेक करें कुछ काम।
पर उपकार सजे भावों में, हृदय रखें नित प्रभु का नाम।।

क्रोध छोड़कर क्षमा सुहाये, प्राणी से रख मैत्री भाव।
भव सागर से पार लगाये, सत्य-अहिंसा पथ की नाव।
मृदुता को धारण है करना, अहंकार तज आठों याम।
पल-पल भाग रहा है जीवन, मानुष नेक करें कुछ काम।।

मर्दन जब अभिमान करेंगे, मार्दव धर्म करे आभार।
मायाचारी छोड़ जतन में, ऋजुता लायें मन में धार।
आर्जव धर्म प्रकट होता है, निर्मल भाव बने अविराम।
पल-पल भाग रहा है जीवन, मानुष नेक करें कुछ काम।।

लालच के सब वशीभूत हैं, लोभ कषाय करे फिर नाश।
शुचिता को फिर कैसे लायें, अभिलाषा जब हो आकाश।
शौच धर्म को धारण करके, पुण्य कर्म से करना नाम।
पल-पल भाग रहा है जीवन, मानुष नेक करें कुछ काम।।

आशाओं का आकाश

सुनिल कुमार सांखला
(पता :- जोधपुर, राजस्थान)

मन बाँधे डोर से
खींचा जाए पास।
मन उज्ज्वल पावन बना
मन ही जगाए आस।।

नभ नव पक्षी उड़ान
करबद्ध करे जहान।
अंतिम साँस तक उड़े
छू जाए आकाश।।

मन हिचकोला खाए
उमंग लगाए छलाँग।
हर पीड़ा, हर भजन करे
छू ले अश्क, आशाओं का आकाश।।

विपदा पग पग चले
डर न मन पले।
उम्मीदों का आँगन सजे
रख आशा, सजे आकाश।।

मन बाँधे डोर से
खींचा जाए पास।
मन उज्ज्वल पावन बना
मन ही जगाए आस।।

एक स्त्री

नेहा दीक्षित
(पता :- यवतमाल, महाराष्ट्र)

ये विषय ही नहीं विषय की क्षमता है।
हम हर स्त्री के कार्य या बलिदान को
नज़रअंदाज कर देते है क्यों?
क्योंकि उसका काम उसे करना ही है।
आराम उसे भी चाहिए, वो भी थकती है।
त्याग उसके इतना क्या करेंगे,
खुद के घर को छोड़ के आई,
फिर भी उसे जिस घर में आई;
उसे उस घर में नाम की जगह मिल पाई?
हर रिश्ते ने आशा की उम्मीद उसी से लगाई
कि वो ही समझ लेगी,
जब बच्चे को जन्म दिया
उसका खुद पुनर्जन्म हुआ,
फिर भी उसने घर के लिए, अपने लिए,
हर दर्द को हँस के सहा
कभी कोई शिकायत नहीं की।
तुमको माँ के रूप में प्यार,
बहन के रूप में अपनत्व,
पत्नी के रूप में साथ
और बेटी के रूप में सहारा हमेशा दिया,
इसलिए हर स्त्री का बलिदान पूजनीय है।

आकाश

प्रिया वैष्णवी मिश्रा
(पता :- फर्रुखाबाद, उत्तर प्रदेश)

जो कभी न अन्त हो वो प्यार हो तुम,
मेरे दिन का पहला विचार हो तुम,
रात्रियों का आखिरी ख़्वाब हो तुम ;
हाँ ! मेरी जिंदगी का आकाश हो तुम।

हर उदास लम्हों में मेरे साथ हो तुम,
खुशनुमा पलों में मेरी मुस्कान हो तुम,
दूर होके भी मेरे दिल के पास हो तुम;
हाँ ! मेरी चाहतों का आकाश हो तुम।

मेरी चाँदनी का पूनम चाँद हो तुम ,
बगिया का सुगंधित गुलाब हो तुम,
जिंदगी का सच्चा अहसास हो तुम;
हाँ ! मेरी लेखनी का आकाश हो तुम।

मन के साम्राज्य के सम्राट हो तुम,
मंजिलों का अंतिम मुकाम हो तुम,
मेरे स्वप्नों की हसीं तलाश हो तुम;
हाँ ! मेरे संसार का आकाश हो तुम।

मेरे तिमिर चित्त का प्रकाश हो तुम,
अवसादों की अभ्युदय आस हो तुम,
मेरी पवित्र अनुरक्ति का प्रमाण हो तुम;
हाँ ! मेरी आशाओं का आकाश हो तुम।

मेरी इस कविता का समर्पण हो तुम,
मेरी अभिलाषाओं का दर्पण हो तुम,
मेरी भावनाओ का विश्वास हो तुम;
हाँ ! तुम्हारी "प्रिया" का "आकाश" हो तुम।
हाँ ! तुम्हारी "प्रिया" का "आकाश" हो तुम।।

चलती हूँ

आचार्या नीरू शर्मा
(पता :- कांगड़ा, हिमाचल प्रदेश)

चलती हूँ
रोज मैं
इक नई यात्रा पर
हाँ, यात्रा
कभी मन की
कभी प्रकृति की
पर दोनों साथ ही चलते हैं
मुस्कान लिए
क्योंकि
पहाड़, नदी, पत्थरों, पेड़ों और
शीतल महक़ती हवाओं
से मिलती हूँ मैं
इन यात्राओं में...
चलती हूँ रोज मैं
इन यात्राओं पर
ख़ुशियाँ सुकून बटोरती...।।

वक्त उसे बलवान कहेगा

चन्दन केशरी
(पता :- झाझा, जमुई, बिहार)

चुप रहेगा इन्सां वो पर, आगे उसका ज्ञान कहेगा।
जो जीतेगा अपनी बाज़ी, वक्त उसे बलवान कहेगा।।

मन को अपने स्थिर रखे, दुनिया के कोहराम में।
डटा रहेगा साहसी जो, जीवन के संग्राम में।
ऐसे वीर की गाथा को, सारा ये जहान कहेगा।
जो जीतेगा अपनी बाज़ी, वक्त उसे बलवान कहेगा।।

जीतने का लक्ष्य लेकर, नीडर होकर जो बढ़े।
होगा ऐसा तेज मुख पर, देखकर दुश्मन डरे।
ऐसे वीर तेजस्वी की, गाथा हर जुबान कहेगा।
जो जीतेगा अपनी बाज़ी, वक्त उसे बलवान कहेगा।।

जीवन की परीक्षाओं में, प्रश्न जो भी आते हैं।
निर्भीक हो उत्तर देने में, वीर नहीं घबराते हैं।
गर्व से ये सारा जग, उसकी दास्तान कहेगा।
जो जीतेगा अपनी बाज़ी, वक्त उसे बलवान कहेगा।।

साक्षी होगी वह माटी, युद्ध के मैदान की।
गाथा लिखी जाएगी, तब उसके सम्मान की।
जीत की कहानी उसकी, युद्ध का मैदान कहेगा।
जो जीतेगा अपनी बाज़ी, वक्त उसे बलवान कहेगा।।

धन्यवाद

www.ingramcontent.com/pod-product-compliance
Lightning Source LLC
LaVergne TN
LVHW022053200926
848481LV00003B/893